वो काग़ज़ की कश्ती

वो काग़ज़ की कश्ती

अल्हड़ ग्राम्य-जीवन के सरस संस्मरणों की पोटली

अंजु रंजन

वाणी प्रकाशन

वाणी प्रकाशन
4695, 21-ए, दरियागंज, नयी दिल्ली 110 002
फ़ोन : +91 11 23273167 फ़ैक्स : +91 11 23275710
शाखाएँ
अशोक राजपथ, पटना 800 004, बिहार
कॉफ़ी हाउस कैम्पस, महात्मा गांधी मार्ग, इलाहाबाद 211 001, उत्तर प्रदेश
महात्मा गांधी अन्तरराष्ट्रीय हिन्दी विश्वविद्यालय, वर्धा 442 001, महाराष्ट्र
सुल्तानिया रोड, मोतिया पार्क, भोपाल 462 001, मध्य प्रदेश
www.vaniprakashan.com
marketing@vaniprakashan.in
sales@vaniprakashan.in

WO KAGHAZ KI KASHTI
by Anju Ranjan

ISBN : 978-93-89915-74-7
Memoirs

प्रथम संस्करण 2021

मूल्य : ₹ 450

आर. टेक ऑफ़सेट प्रिंटर्स, शाहदरा, दिल्ली-110032

वाणी प्रकाशन का लोगो मक़बूल फ़िदा हुसेन की कूची से

प्राक्कथन

अतीत व्यतीत नहीं होता। बीता हुआ समय अथवा भूत भी अनुभूत होकर स्मृतियों में रहता है। अनुभव मानव–जीवन की सहज उपलब्धि है, लेकिन अनुभवों को शब्दरूप देना सबके बूते की बात नहीं है। अनुभूत संवेदना का शब्दरूपायन दुष्कर कार्य है। इसे प्रीतिकर बनाकर पुनर्जीवित करना ही संस्मरण–लेखन है।

'वो कागज़ की कश्ती' पुस्तक की रचनाकार श्रीमती अंजु रंजन संवेदनशील महिला हैं। वह भारतीय विदेश सेवा की अधिकारी हैं। उन्होंने अपने उत्तरदायित्व के निर्वहन में जकार्ता, काठमाण्डू में भारतीय मिशनों में काम किया है। वह एडिनबर्ग, ब्रिटेन में भारत के महावाणिज्य दूत के रूप में भी अपने दायित्व–निर्वहन के लिए प्रशंसनीय रही हैं। भारतीय विदेश सेवा में काम करने की विशेष चुनौतियाँ होती हैं। संवेदनशील अधिकारी के लिए इन चुनौतियों का निर्वहन और भी कठिन होता है। विदेश सेवा का सारा कार्य बौद्धिकता और अनुभव से जुड़ा होता है। श्रीमती रंजन इस समय जोहान्सबर्ग में पदधारक हैं। वह इंडोनेशिया और स्कॉटलैंड में भी भारत का प्रतिनिधित्व कर चुकी हैं। हिन्दी साहित्य से उनका प्रेम विशेष प्रकार का है। वह रसायन विज्ञान में स्वर्णपदक प्राप्त स्नातकोत्तर हैं, लेकिन उन्होंने यूपीएससी की परीक्षा में हिन्दी साहित्य को मुख्य विषय चुना। वह विदेश में भी हिन्दी प्रचार–प्रसार के लिए सक्रिय रहती हैं।

'प्रेम के विभिन्न रंग' नाम से उनकी कविताओं का संकलन एक वर्ष पहले प्रकाशित हुआ था। इस पुस्तक के विमोचन के समय हमारा उनका साक्षात्कार हुआ था। वो वास्तव में संवेदनशील, बौद्धिक हैं। उनकी रची कविता की किताब पढ़ते हुए एक नये प्रेम–संसार का अनुभव होता है।

'वो कागज़ की कश्ती' में श्रीमती रंजन के अनेक संस्मरण संकलित हैं।

श्रीमती अंजु रंजन ने बाल्यकाल से लेकर युवावस्था और विद्यार्थी जीवन के अपने संस्मरणों को बहुत सरसता के साथ प्रवाहमान भाषा में लिपिबद्ध किया है। यह 35 अनुक्रमों में विभक्त है। उनके लेखन में सरलता और सरसता है। लेखन में कहीं भी बनावटीपन नहीं है। लेखिका ने अपने संस्मरणों में बालपन की निश्छलता, ग्रामीण परिवेश की जीवन्तता व सादगी तथा झारखण्ड प्रदेश की नैसर्गिक प्राकृतिक सुन्दरता के साथ नारी सशक्तीकरण के भी प्रश्न उठाये हैं।

पुस्तक में झारखण्ड की विलुप्तप्राय आदिवासी जनजाति भोक्ता और बीरहोर के विषय में वहीं की स्थानीय बोली भाषा में सुन्दर वर्णन है। 'बीरहोर' जनजाति के विषय में वैज्ञानिकों ने रक्तकणिकाओं के माध्यम से यह निष्कर्ष निकाला है कि वे लगभग पाँच हज़ार वर्ष पुराने हैं। यह जंगल को ही अपना घर मानते हैं। सरकार द्वारा पक्के मकान मिलने के बावजूद वे जंगल में ही निवास करना पसन्द करते हैं। जंगलों की कटाई पर लेखिका को गहन आत्मग्लानि है। प्रकृति का विरूपण उचित नहीं होता।

मैंगो सीरीज़ में अनेक सुन्दर घटनाओं के साथ लेखिका ने अपने आम–प्रेम का वर्णन भी किया है। सौभाग्यवश यूपीएससी के इंटरव्यू में भी आम के विषय में ही उनसे प्रश्न किये गये थे।

लेखिका ने ग्रामीण भाषा का उपयोग करते हुए अपने बाल्यकाल की घटनाओं का बहुत सरलतापूर्वक वर्णन किया है। उन्होंने हमें वहाँ की ग्रामीण संस्कृति से भी परिचित करवाया है। परदेश में रहकर स्वदेश की प्रीति, राग का गान स्वाभाविक गीत बना है। उन्होंने ऐसे अनेक संस्मरणों को भी लिपिबद्ध किया है।

मेरी शुभकामना है कि पुस्तक 'वो कागज़ की कश्ती' लोकप्रिय एवं बहुपठित हो। लेखिका का जीवन यशस्वी हो। वह भविष्य में इसी प्रकार की नयी–नयी रचनाओं को प्रस्तुत करते हुए समाज को संवेदनशील और सुचालक बनाने के कार्य में प्रवृत्त रहें। प्रकृति उन्हें लगातार रचनाधर्मिता की शक्ति दे।

–हृदयनारायण दीक्षित
अध्यक्ष, उ.प्र. विधानसभा

संस्मरणों का ख़ूबसूरत गुलदस्ता

शब्द सारथी अंजु रंजन का संस्मरण–संग्रह 'वो काग़ज़ की कश्ती' मैं एक साँस में पढ़ गया। ये संस्मरण इतने रोचक एवं ग्रामीण समाज के जीवन–रस से इतने सने–पगे हैं कि आप चाहें भी तो बीच में इन्हें पढ़ना छोड़ नहीं सकते! यों भी कथेतर गद्य में संस्मरण साहित्य सर्वाधिक लोकप्रिय विधा है, जो न केवल देश–समाज की नानाविध जानकारियों से पूरित करती है अपितु सम्बन्धों और चरित्रों को जानने–समझने में भी भरपूर मदद करती है। इसमें कथा का रस तो होता ही है, निबन्धों का गुण भी होता है। किंचित इन्हीं कारणों से संस्मरण को साहित्येतिहास लेखन की कच्ची सामग्री भी माना जाता रहा है।

देखा जाये तो हिन्दी में बालमुकुन्द गुप्त प्रथम संस्मरणकार माने जाते हैं, जिन्होंने सन् 1907 ई. में सुधी साहित्यकार प्रतापनारायण मिश्र पर कई संस्मरण लिखे। आगे चलकर प्रसिद्ध कवि अयोध्यासिंह उपाध्याय 'हरिऔध' पर लिखे पन्द्रह संस्मरणों की एक पुस्तक 'हरिऔध के संस्मरण' भी प्रकाश में आयी। वैसे संस्मरण को साहित्य की एक सशक्त विधा के रूप में प्रतिष्ठित करने का श्रेय पद्मसिंह शर्मा (1876–1932) को दिया जाता है। महाकवि अकबर, सत्यनारायण कविरत्न, भीमसेन शर्मा आदि पर लिखे उनके संस्मरणों ने इस विधा को काफ़ी लोकप्रिय बनाया। आगे चलकर महाप्राण निराला (बिल्लेसुर बकरिहा), महादेवी वर्मा (पथ के साथी), इलाचन्द्र जोशी (मेरे प्राथमिक जीवन की स्मृतियाँ), प्रकाशचन्द्र गुप्त (पुरानी स्मृतियाँ) आदि अनगिन रचनाकारों द्वारा इस विधा को निरन्तर समृद्ध करने की कोशिशें हुईं। भारतीय स्वतन्त्रता के बाद सन् 1950 ई. के आसपास का समय

संस्मरण साहित्य के विकास के लिए महत्त्वपूर्ण माना जाता है, जब बनारसीदास चतुर्वेदी, उपेन्द्रनाथ अश्क (मंटो मेरा दुश्मन), कन्हैयालाल मिश्र प्रभाकर (भूले हुए चेहरे, दीप जले शंख बजे), जगदीशचन्द्र माथुर (दस तस्वीरें, जिन्होंने जीना जाना), डॉ. नगेन्द्र (चेतना के बिम्ब), प्रभाकर माचवे, अज्ञेय, विष्णु प्रभाकर, कमलेश्वर, रामदरश मिश्र आदि लेखक अपने–अपने संस्मरणों से इस विधा को समृद्ध कर रहे थे।

समकालीन साहित्य तो संस्मरणों से भरा हुआ है। विश्वनाथ प्रसाद त्रिपाठी (हक़ अदा न हुआ, नंगातलाई का गाँव), कान्तिकुमार जैन, काशीनाथ सिंह, राजेन्द्र यादव, रवीन्द्र कालिया, ममता कालिया, बलराम, अखिलेश, राधेश्याम तिवारी, जितेन्द्र सहाय सहित असंख्य संस्मरणकारों ने इस विधा को अविराम गतिशील रखा है। संस्मरण साहित्य की इस समृद्ध श्रृंखला में अपनी पुस्तक 'वो काग़ज़ की कश्ती' के साथ अब प्रतिभासम्पन्न लेखिका अंजु रंजन भी शामिल हो गयी हैं। उन्होंने अपने संस्मरणों को घर, परिवार, गाँव से लेकर सर्विस में आने तक की यात्रा पर केन्द्रित किया है, जो न केवल उनके परिवेश की जानकारी देता है, बल्कि हिन्दी क्षेत्र के ग्रामीण समाज की जीवन–संस्कृतियों पर भी प्रकाश डालता है। अयस्कान्तीय प्रतिभा की धनी अंजु रंजन के संस्मरणों की सबसे बड़ी विशेषता ग्रामीण समाज और वहाँ की तद्‌भव संस्कृति से उनके अटूट लगाव के साथ–साथ उनकी बोलचाल की रसपूर्ण भाषा भी है, जो पाठकों को अपने कथ्य से गहरे जकड़ लेती है।

'वो काग़ज़ की कश्ती' लेखिका के जीवन–संसार के जिन पन्नों को उद्‌घाटित करती है, उनमें प्राथमिक पाठशाला की पढ़ाई से लेकर मैंगो–दादी सीरीज़ की कथाओं और ग्रामीण जीवन संगीत से होते हुए छात्रावास–जीवन तक की कथा का विस्तार है। मैंगो–दादी सीरीज़ के संस्मरणों में तो औपन्यासिक कथारस का आनन्द मिलता है। बिहार से लगे झारखण्ड के सुदूर पिछड़े गाँव के सामाजिक–सांस्कृतिक परिवेश में लेखिका पली–बढ़ीं, उसका जीवन्त चित्रण यहाँ हुआ है। लेखिका का भौगोलिक क्षेत्र भाषाविज्ञान की दृष्टि से एक आइसलैंड है।

आइसलैंड उस क्षेत्र को कहते हैं, जहाँ कम–से–कम तीन भाषा संस्कृतियों का मेल होता है। इस क्षेत्र की भाषा अंगिका, मगही और मुंडारी मिश्रित होने की वजह से एक अलग प्रकार की भाषा–संस्कृति का रूप वहाँ देखने को मिलता है। उस मिश्रित भाषा–संस्कृति का ललित आंचलिक प्रभाव लेखिका के संस्मरणों में देखा जा सकता है।

"मेरे गाँव के आसपास बहुत से बीरहोर रहा करते थे। बीरहोर झारखण्ड की एक लुप्तप्राय जनजाति है और बहुत जल्दी नयी सभ्यता और विकास की दौड़ में पिछड़ जाने की वजह से विलुप्त हो सकती है। ये बीरहोर गाँव में धान रोपाई के समय आते और पूरी बरसात गाँव में बने रहते। चूँकि उनका कोई स्थायी ठिकाना नहीं होता था, वे जंगल की ओर लौट जाते थे पर दूसरी जगह अपना कुर्हा बना लेते थे। बहुत साधारण जीवन था उनका, पर बहुत विशिष्ट जीवनशैली! वे प्रकृति पुत्र होते हैं और बहुत शर्मीले भी। बात करते हुए शरमाते थे। शिकार करने में कुशल, रस्सी बटने में दक्ष बीरहोर हमारे लिए झूले की रस्सी लेकर आते थे और हमें झूलते देखकर शरमा जाते। मुँह घुमाकर फिक्क से हँस देते।

एक बार मामू के साथ जामुन बीनने जटांग बागी (आम का बहुत बड़ा बगीचा) गयी थी कि बीरहोर के कुर्हे से धुआँ उठता हुआ दिखा। मामू और मैं बहुत उत्सुक थे कि उनका कुर्हा (घर) अन्दर से कैसा है? क्या अन्दर खड़े हो सकते हैं या साँप जैसा ही रेंगकर घुसना पड़ता होगा? अन्दर कितने खन्द (कमरे) हैं? हम दोनों दबे पैर उनके कुर्हे में झाँकने का प्रयास कर ही रहे थे कि एक बुजुर्ग बीरहोर ने हमें मना किया–'ओने कुरहान में न जाहो संगी, हामी के बोंगा–पितर हई।' मामू ने उसको बताया कि 'हम कुर्हा अन्दर से देखना चाहते हैं, खासकर मेरी भाँजी अन्दर जाकर खड़ी होकर देखना चाहती है।'

'नहीं संगी, डिकु नहीं जा सकत।' 'क्यों?' थोड़ी देर मैंने और मामू ने उन्हें मनाने की कोशिश की, पर वह नहीं माना। तभी मुझे वह गाली वाला दोहा याद आया जो मेरी मामी ने सिखाया था और कहा था कि अगर उसको चिढ़ाना हो तो यह बोलना और फिर मैंने वही किया।

ज़ोर से चिल्लाकर कहा–'इडिंग बिडिंग जौन कना/चुचको न डेढ़ कना।' वह सचमुच में गुस्सा हो गया और अपनी भाषा में हमें फटकारने लगा। तब तक मैं और मामू कुलाँचे भरते हुए फ़रार हो चुके थे।''

ऐसे नाना प्रसंग पुस्तक में भरे पड़े हैं। मिश्रित भाषा संवेदना लालित्य मन को रस से भर देता है। उस पूरे क्षेत्र का भाषिक सौन्दर्य इन संस्मरणों में प्राण डाल देता है।

'वो कागज़ की कश्ती' कहने को लेखिका के शैशवकाल से उनके भारतीय विदेश सेवा में आने तक के जीवन संस्मरणों का ख़ूबसूरत गुलदस्ता है, लेकिन इस गुलदस्ते में भाषा, समाज, संस्कृति, रिश्ते–नाते इन सबके रंग–बिरंगे फूल हैं, जो हमें न केवल उस क्षेत्र के, बल्कि पूरे हिन्दी क्षेत्र की ग्रामीण समाज–संस्कृति की झलक दिखाकर समृद्ध करते हैं। संस्मरणों के इस गुलदस्ते के लिए हिन्दी की विदुषी लेखिका अंजु रंजन को बहुत–बहुत बधाई। मुझे विश्वास है कि इस पुस्तक को हिन्दी जगत् में भरपूर प्यार और सम्मान मिलेगा।

–शिवनारायण

सम्पादक, *नयी धारा*, पटना

अनुक्रम

मेरे गाँव का स्कूल : प्राथमिक पाठशाला 13

मैट्रिक का लक्ष्यबेध 20

मेरे ननिहाल में हाथियों का आतंक 26

बीरहोर 30

मैंगो सीरीज़

अमराई 37

चौरहा आम 39

आम और अजगर 43

आम का दाम 46

आम और मिर्गी 49

चोरी का आम 53

आम और यूपीएससी का इंटरव्यू 55

आम, सपना और यूपीएससी 58

दादी सीरीज़

हाँ, दादी ने भी प्यार किया! 63

दादी और उनकी गोतनी 68

गुहिला चोर	70
मेरी प्रथम गुरु	74
बेस्ट फ्रेंड्स	79
साग एक्सपिडिशन	90
मुनगा फूल की सब्ज़ी	95
दादी और गाय	98
बिरनी का खोंधा	109
हाँ, मैंने दादी को सच नहीं बताया...	113
भगवान शिव	116
मेरा ग्रामीण जीवन संगीत	120
साँपों का आतंक : सहिया दादा	128
साँपों का आतंक : मेरी माँ को साँप ने काटा	137
आलू–गुड़ का हार : मेरा पहला प्यार	145
मेरी सहेली : बेबी	150
रक्षाबन्धन	160
पैकवाह	170
बकरीद	177

मेरी हॉस्टल की ज़िन्दगी

सपना दी का मेकअप	183
सपना दी का ग्रेजुएशन	187
सपना दी : बाथरूम में बल्ब	190
सपना दी और मेरा अफ़ेयर	193
एकटु पातला लाग्छ्ए!	197

मेरे गाँव का स्कूल : प्राथमिक पाठशाला

मेरे स्कूल में कुछ ख़ास पढ़ाई न होती थी। एक खपरैल का कमरा था जिसे पता नहीं क्यों लोग 'झमड़ा' पुकारते। उस समय यह नाम बहुत म्यूज़िकल लगता था हमें! झमड़ा को लीपने–पोतने और साफ़ रखने की ज़िम्मेवारी सीनियर लड़कियों की होती। हम तो सीढ़ी पकड़ते या पोतन पकड़ाते। उनकी नज़रें बचाकर दूधी मिट्टी खा लेते। वाइट चीज़ जैसा स्वाद लगता।

बरसात में चार महीने झमड़े की छत चूती तो हमें बहुत अच्छा लगता। मास्टर जी तुरन्त छुट्टी कर देते। बादल गड़गड़ा रहे होते। बिजली कड़कती और मूसलाधार बारिश होने लगती। हम बोरे का चुकूर बना लेते और घुटने भर पानी में भीगते हुए घर पहुँचते।

कभी–कभी घर से बाहर मुख्य गली में नाव बहाते और उसकी दिशा में दूर पश्चिम वाले पाइन तक चले जाते और खुद बहते–बहते बचते। ऐसे में कोई जाकर दादा या दादी को चुगली कर ही देता कि देखो अंजू वहाँ गुह वाले पानी में भीग रही है और पानी उछाल रही है। दादी आकर कान उमेठतीं और घर ले जातीं।

कभी हम बेल के गाय–बैल बनाकर गुहाल–गुहाल खेलते। छोटे बेल फल में कनौदे के काँटे गूँथकर बैल के पैर और पूँछ बनाते और झोले में रख लेते। झमड़े में पीछे ऐंठकर उसकी सौदेबाज़ी ख़ूब चलती। हम एक पेंसिल या चॉक के बदले एक बैल ख़रीद लेते और इस तरह तो मेरे पास गायों–बैलों की संख्या बढ़ती ही जाती थी। हम उन्हें एक बक्से में रखते जाते और दूसरे बच्चों पर रौब जमाया करते।

कभी हम सब बच्चे पेशाब जाने के बहाने स्कूल से ग़ायब हो जाते और बल्ली आहर (पोखर) चले जाते। वहाँ की घास में एक मख़मली छोटा बीज होता था—घाट्टो। हम सात—आठ बीज एक काग़ज़ के पन्ने पर फैला देते और मुँह काग़ज़ के पास ले जाकर चिल्लाकर गाते—

गाय गेलय इरी—बिरी
भैंस गेलय बृन्दावन—
घुर्र गे घाट्टो ओओओओ—

और वह बीज कीड़े की तरह काग़ज़ पर घूमने लगता।

जब तक हमारी साँस की भाप जगह पर पड़ती तब तक घाट्टो नाचते। हमें अजगुत—सा लगता था कि घाट्टो घूम रहे हैं!

अकल्पनीय!

अविश्वसनीय!

मेरे स्कूल में गौरीशंकर बहुत अच्छा घाट्टो घुमाता था।

एक दिन हम सब घाट्टो घुमाने की कला उससे सीख ही रहे थे कि मास्टर साब आ गये। सबको सोटे से धो डाला।

क्या कर रहे हो तुम सब यहाँ?

'सर, घाट्टो घुमा रहे हैं!' मैंने सोत्साह और सगर्व कहा।

'क्या?' एक सोटा पड़ा मुझे सड़ाक!

'घाट्टो क्या होता है रे बज्र मूर्खो!'

'ऐं... क्यों मारते हैं, पण्डित जी! गौरीशंकर बहुत बढ़िया घाट्टो घुमाता है, अभी दिखायेगा, गौरीशंकर सर को परतित कराओ तो, घाट्टो घुमाओ जल्दी।'

गौरीशंकर ने जादूगर की तरह सब इन्तज़ाम किया। एक काग़ज़ पर घाट्टो बिछाकर अपने फूले गाल और फुलाकर चिल्लाया—

'घुर्र गे घाट्टो'

तब तक पण्डित जी के सिपाहियों ने उस पर हमला बोल दिया था। उसे मोगली देकर स्कूल लाया गया और ख़ूब पिटाई हुई!

किसी का शादी—ब्याह हो, सत्यनारायण की कथा हो, अष्टयाम कीर्तन हो, गाँव में हाथी आये, घोड़नाच हो, पंचायत हो या किसी

महत्त्वपूर्ण व्यक्ति का विज़िट हो, हमारा स्कूल बन्द रहता। हमें झाड़ू और पोतन पकड़ा दिया जाता और सब बच्चे आगन्तुक या इवेंट की तैयारी में लग जाते।

एक ही मास्टर जी थे और पाँच क्लास तक कक्षा लगनी होती। पहली पंक्ति में पहली कक्षा, दूसरी पंक्ति में दूसरी, तीसरी में तीसरी, चौथी में चौथी और सबसे आगे मास्टर जी के सामने पाँचवीं कक्षा लगती। एक बार में एक कक्षा वाले सर के पास घेरा बनाकर खड़े होते। उस समय बाक़ी विद्यार्थी क्या कर रहे हैं, मास्टर जी इससे एकदम निर्लिप्त रहते।

सुबह का पीरियड गणित का होता। लंच के बाद किताबें पढ़ी जातीं और गिनती–पहाड़ा का समवेत पाठ होता।

यह सबके लिए था चाहे पहली कक्षा हो या पाँचवीं, सबको गिनती और पहाड़ा पढ़ना ही था।

मेरी नाक अक्सर बहती। डॉक्टर को दिखाया गया तब उसने कहा कि नाक की हड्डी कम डिवेलप्ड है, इसलिए अभी दस–बारह साल तक यह समस्या रहेगी। सो मेरी फ्रॉक हरदम गीली रहती–लटलटायी रहती–नोजी से। दो लम्बी धाराएँ दोनों छेदों से निकली रहतीं, जिसे अक्सर मैं ऊपर सुड़क लेती या सबकी नज़र बचाकर चाट लेती।

गिनती–पहाड़ा वाले सेशन में दस तक गिनते–गिनते नाक पोंछनी, सुड़कनी या चाटनी पड़ती! मास्साब ग़ुस्से से एक सोटा जमा देते।

प्राथमिक पाठशाला मेरे घर के बिल्कुल पास थी बस गली के इस पार घर और उस पार स्कूल!

मैं चंचल थी। शुरू से मीट मुर्गा खाने की शौक़ीन थी (जो कि गाँव में बहुत कम मिलता था) घर में क्या पकता, मैं स्कूल में बैठे–बैठे जान जाती। अगर मीट पक रहा हो तो कोई स्कूल में टिक सकता है भला! मैं पानी पीने का बहाना बनाकर घर आ जाती। माँ मीट की भुजिया मेरे लिए निकालकर रखतीं। मैं उस दिन स्कूल फिर नहीं जाती। मास्टर जी मुझे ढूँढ़ने के बहाने आते (आख़िर, उनके

नासापुटों में भी तो मीट की महक पहुँच चुकी होती थी)। माँ उनकी ख़ूब ख़ातिर करतीं!

बेचारा, शिक्षा के लिए परदेस में पड़ा हुआ है, दादी कहतीं!

और इस तरह मास्टर जी भी मेरे घर अक्सर खाते।

तीसरी क्लास तक आते–आते यह साफ़ हो गया था कि मैं पढ़ने में तेज़ थी। मास्टर जी को बस मेरे गणित की चिन्ता रहती। हालाँकि तीस का पहाड़ा मुझे आता था पर उसे एप्लाई करके गणित के सवाल हल करना कठिन लगता। फिर भी कक्षा में मैं प्रथम आती (पाँच ही विद्यार्थी जो थे!)। मास्टर जी अपनी और मेरी पीठ ठोंकते। उन्हीं दिनों मुझे राष्ट्रीय प्रतिभा खोज परीक्षा की स्कॉलरशिप के लिए सर ने तैयार किया। पहली बार मैंने सात किलोमीटर की पैदल यात्रा की। उस समय तक शुद्ध हिन्दी बोलने का मौक़ा नहीं आया था। गाँव में हम लोग खोरठा बोलकर काम चलाते थे!

पर इटखोरी मध्य विद्यालय में सब लोग शुद्ध हिन्दी बोलते हैं। अगे–तगे नहीं चलेगा! सर ने कहा था!

हम परीक्षा देने समय से ही पहुँचे थे। सवालों के जवाब तो फटाफट लिख डाले। उत्तर–पुस्तिका जमा करने जा ही रहे थे कि एक मॉडर्न दबंग–सी लड़की ने मेरे हाथ से उत्तर–पुस्तिका और प्रश्न–पत्र छीन लिया। मैंने विरोध किया तो उसने मेरी उत्तर–पुस्तिका फाड़ दी। हड़बड़ाहट में मेरे मुँह से निकला–

'अगे मैया, फाइर देलक्य हमर कगजवा!'

'ही ही ही, अरे देखो रे प्रतिमा, ए गो देहातिन भुच्च आयी है, मुँह तो देखो, गोबर चू रहा है मानो।'

हा–हा–हा–हा हा–हा–हा–हा।

समवेत स्वर में सब हँसने लगे थे। मैं अपना फटा हुआ काग़ज़ लेकर चुपचाप रो रही थी। तभी हेडमास्टर साहब आ गये और सबको बहुत डाँटा, ख़ासकर उस लड़की को, जो शायद किसी शिक्षिका की बेटी थी।

स्कॉलरशिप प्रथम चरण में मेरा सिलेक्शन हो गया। अगली परीक्षा चतरा में थी। चतरा की मेरी पहली यात्रा भी थी।

दादी ने टेरीलीन का आसमानी रंग का फ्रॉक सिलवा दिया था। मास्टर जी एक औरत–शान्ति माय–के घर में किराये पर रहते थे। शान्ति माय से उनका अनुरागात्मक सम्बन्ध लगता था।

जब हमें चतरा जाना पड़ा तो मास्टर जी ने उन्हें भी साथ चलने को मना लिया।

हम इटखोरी तक पैदल गये। जुलाई का महीना था–उमस भरा। मेरा फ्रॉक भीग गया था–पानी से नहीं–पसीने से। शान्ति माय ने कहा कि–'तुम्हारी दादी कंजूसों की सरताज हैं। क्यों नहीं, एक अच्छा फ्रॉक ख़रीदा? तुम इतनी बड़ी परीक्षा देने जा रही हो, साथ क्यों नहीं आयीं। मुझे आना पड़ा।'

'धान की दौनि चल रही है तो दादी कैसे आतीं। और ये फ्रॉक तो मोईन भाई ने सिला है, मुझे पसन्द है।' मैंने गर्व से आगे जोड़ा–'चतरा है ही कितना दूर, बस एक बस पकड़ी और पहुँच गये, मैं तो अकेले भी जा सकती हूँ।'

'अच्छा?'

'तुम्हारा तो पेट में दाढ़ी है गे मैया!'

'धुत, मैं तो लड़की हूँ, मेरी कैसे दाढ़ी होगी?'

ख़ैर, मास्टर जी के कानों तक यह वार्तालाप नहीं पहुँच रहा था क्योंकि वे आगे–आगे तीन लड़कों के साथ जा रहे थे।

चतरा हाईस्कूल में हमारा सेंटर था। हम कक्षा पाँच में पढ़ने वालों के लिए वह स्कूल बहुत विशाल और मॉडर्न लग रहा था। हर क्लास के लिए अलग कमरे थे। और ब्लैकबोर्ड भी था। हमारे स्कूल में तो न पक्का फ़र्श था, न टेबल–कुर्सी और न ही इतना बड़ा मैदान। इतने छात्र भी नहीं थे। हम सब सहम गये।

हमारी परीक्षा एक बढ़िया कमरे में हुई। सारे प्रश्न बहुत आसान थे। हम एक–दूसरे को देखकर उत्तर लिख रहे थे, कोई टोकने वाला नहीं था। कोई सन्तन जी नामक शिक्षक थे, जिन्होंने यह फिकरा कसा–

पहले जन्मल घास–पुवाल
तब जन्मल भुनेसर गुवाल

भुनेसर गुवाल ने फोड़ा अण्डा
तब जन्मे ये प्रिंसिपल पण्डा
पण्डा जी ने निशाना साधा
तब आये रामफल दुसाधा!
रामफल जी ने की आशनाई
तब जन्मा बलदेव नाई!

मुझे बहुत बुरा लगा! पर अलबत्ता कवित्त जोड़ते थे वे। शान्ति माय ने घूँघट में अपना मुँह छिपा लिया।

रामफल हमारे मास्टर जी थे। उनका नाम हम नहीं ले सकते थे। न लेते थे। एक बार ग़लती से उनके नाम से वाक्य बना दिया था तो उन्होंने दाँत भींच कर बहुत मारा था। मैं हतप्रभ मार खा रही थी और बड़ी क्लास के लड़के हँस रहे थे।

हुआ यूँ कि मास्टर जी ने (जब मैं दूसरी कक्षा में थी) हमें फल से एक वाक्य बनाने को कहा।

मैंने चट से वाक्य बनाया–'राम फल खाता है।'

मैंने सोचा कि शाबाशी मिलेगी।

और उसके बदले मिली मार।

डाँट और फटकार!

सटाक–सटाक! दो–तीन छड़ी मेरे सिर पर पड़ीं!

क्या हुआ? क्यों मारा। मैं हतप्रभ थी। लंच में निर्मला दी ने बताया कि अरे मूर्खा, रामफल मास्टर जी का नाम है, तूने वैसा वाक्य क्यों बनाया?

'मुझे नहीं पता था।'

सब फिर हँस पड़े थे।

इसलिए हमने कभी उनको दुबारा मास्टर जी के अलावा कुछ नहीं कहा!

परीक्षा के बाद स्कूल के पास एक ढाबे में खाने की व्यवस्था थी। दादी ने मुझे पाँच रुपये अलग से दिये थे, तो मैं कुछ अच्छा

खाने को मचल रही थी। बड़े शहर और ज़िला मुख्यालय में आने का यह मेरा पहला मौक़ा था। मेरा बहुत अच्छा कुछ खाने का मन था।

तभी बेयरे ने मास्टर जी से ऑर्डर लिया। तीन जगह बैंगन की कलेजी दे दीजिए।

अरे वाह! बैंगन की कलेजी! यह तो कोई नयी डिश लगती है। कलेजी तो आग पर भूनकर खायी है, कड़ाही में तलकर खायी है, पर बैंगन के साथ नहीं खायी। मज़ा आयेगा।

खाना एक साँचे वाली स्टील की थाली में परोसा गया। मैं शान्ति माय के बगल में बेंच पर बिठा दी गयी।

मैं खाने को ग़ौर से देख रही थी। कटोरी में बस बैंगन ही बैंगन लस–पस कर रहा था, कलेजी नहीं थी?

'कलेजी कहाँ है, ममा?' मैंने धीरे–से शान्ति माय से पूछा?

'कलेजी, किसकी कलेजी? यह तो शाकाहारी ढाबा है, यहाँ कौन–सा कलेजी?'

'उसने कहा था न बैंगन की कलेजी, सो मैंने पूछा!' मैंने डरते–डरते कहा।

फिर सब ठठाकर हँस पड़े–

'हा–हा–हा–हा–बैंगन की कलेजी। अरे मूर्ख, यह बैंगन की कलौंजी है कलेजी नहीं! एकदम देहाती भुच्च हो तुम!'

ख़ैर, तीन महीने बाद मेरा चुनाव राष्ट्रीय प्रतिभा खोज स्कॉलरशिप के लिए हो गया।

मैट्रिक का लक्ष्यबेध

मेरी ज़िन्दगी में कई महत्त्वपूर्ण व निर्णायक पल और दिन आये हैं– जब मेरी प्रतिक्रिया परिस्थिति के अनुकूल नहीं रही। जब मुझे 'वाउ' कहना चाहिए था तो मैं शरमा गयी। और जब मुझे ग़ुस्सा होना चाहिए था तो मेरे मुँह से 'वाउ' निकला था। उस वाउ मोमेंट में, कभी तो मैं मुँहबाये ताकते रह गयी तो कभी मैंने ओवर रीएक्ट कर दिया। इसको पता नहीं सायकोपैथ या क्या कहते हैं–शायद फ्रीजिंग! पर प्रतिक्रिया की कसौटी पर मैं अपनी ज़िन्दगी आप नहीं गढ़ सकती। दिशा नहीं पा सकती!

उदाहरण के लिए मेरे मैट्रिक के रिजल्ट वाले दिन को ही ले लें। मुझे रिजल्ट का इन्तज़ार परीक्षा लिखने वाले दिन से ही था। हालाँकि, यह अतिशयोक्ति होगी पर मैं रोज़ मन–ही–मन अनुमान लगाती कि अब कुछ दिनों के बाद ही रिजल्ट आ जायेगा। धक–धक सी लगी रहती। पता नहीं क्या होगा। मेरे गाँव की कोई भी लड़की अभी तक मैट्रिक पास नहीं कर पायी थी। मेरे पीठ पीछे लोग मज़ाक़ बनाते–मुझे 'झोला टाँगने वाली बकरी' कहते थे।

एक लड़के को तो मैंने ख़ुद कहते सुना था कि–'इसके बाबूजी के पास फालतू पैसा है सो गोईठा में घी सुखा रहे हैं।'

दूसरे ने मुँह बिचकाते हुए कहा था कि–'भलुई जैसा तो मुँह है इसका यहीं झुर्राएगी, कोई इसे ब्याह कर ले जाये तो कहना।'

(हमारे यहाँ साँवले रंग को कभी स्वीकार नहीं किया जा सकता। यह चरित्रहीनता से भी बड़ा गुनाह है। चूँकि रंग–रूप जन्मजात है, सो भगवान के शाप को झेलना ही मेरी नियति थी।)

खै़र, राम–राम करके दिन बीते। जून का महीना था (मानसून दस्तक दे चुका था।)। आज ही मेरा रिजल्ट निकलने वाला था। मुझे कई तरह की मिक्स फीलिंग आ रही थीं।

हालाँकि घर के लोग एकदम उदासीन थे। दादी सबको कम घास लाने के लिए डाँट रही थीं। माँ और चाची रात के खाने के लिए झींगी तुड़वा रही थीं और मक्का दल रही थीं। मेरे छोटे भाई–बहन एक लाठी टाइप लकड़ी से नयी हुई बारिश के बाद गलियों में पानी पीटकर उछाल रहे थे। किसी को भी मेरे रिजल्ट की चिन्ता न थी। ऐसे में मेरा दिल उत्ताल–बेताल होकर धड़क रहा था। न, वहाँ कोई ख़ुशियों का नगाड़ा नहीं बज रहा था, बस डर लग रहा था, अज्ञात डर। भविष्य की रूपरेखा कुछ स्पष्ट न थी। दादी कहती थीं कि अगले बैसाख में ब्याह हो जायेगा।

वहाँ तो बिल्कुल क़ैद हो जाऊँगी! पता नहीं ससुराल के लोग कैसे होंगे। मुझसे शायद ख़ूब काम करवायेंगे। अगर मैं मैट्रिक में अच्छे नम्बरों से पास हो जाती तो शायद बाबूजी को आगे पढ़ने के लिए मनाया जा सकता था, पर पास होना मुश्किल था। मेरे गाँव की कुसुम दीदी, नगीना दी वग़ैरह भी तो पढ़ने में तेज़ थीं–कहाँ पास हुईं। मैं कोई बहुत–बड़ी महान थोड़े ही हूँ।

दूसरी बात यह कि–परीक्षा में खुलकर चोरी (कदाचार) चली थी। मुझे तो कोई चुटका पहुँचाने वाला न था। सबने जी भरकर किताब खोलकर लिखा था–मैंने तो अपने मन से जो याद आया बस वही उत्तर दिये थे। पता नहीं क्या होगा? हे भगवान, मेरी लाज रख लो! पास करवा दो! तो पूजा करूँगी। हे दुर्गा माता, नवरात्रि उपवास करूँगी। हे सरस्वती माता, सरस्वती पूजा का आधा चन्दा दूँगी, बस मेरे-ऊपर कृपा रखना माँ।

हे बीर बाबा, पास करा दो।

हे कुमराईन थान, मेरा ध्यान रखना!

हे बनजारी माँ, तुम्हारा कभी अपमान नहीं करूँगी, माण्डल से चूड़ियाँ नहीं चुराऊँगी। बस बेड़ा पार लगा दो।

फिर गाय की पूँछ पकड़कर मन ही मन क़सम खाती–हे लक्ष्मी, रोज़ तुम्हारी सेवा करूँगी, गोबर उठाऊँगी, घास और रोटी खिलाऊँगी। बस मुझे लज्जित मत होने देना गौमाता!

फिर हनुमानजी को गोहराती।

रोज़ का यही क्रम था।

एक नौतूरिया पण्डित ज्योतिष पढ़ रहा था। वह शगुन करके बताता कि लक्षण अच्छे नहीं दिख रहे हैं! मैं और भी सिहर जाती।

आज ही रिजल्ट निकलेगा?

आज मैं कहीं छुप जाना चाहती थी। चालीस फ़ुट वाले कुएँ के पीछे, परसाबाद के सोते के पीछे, कठजामुन के जंगलों में या पोखर के पीछे अमराई में!

पर तभी दादी की बुलाहट आयी।

जाओ, घोंची गैया को थोड़ा टहला आओ। घोंची को बच्चा होने वाला था।

मुझे मानो मनमाँगी मुराद मिल गयी। मैं घोंची का टघेल हाथ में लेकर चल ही रही थी कि उसने मुझे एक झटका दिया और धान के लहलहाते खेतों में लपककर घुस गयी। मैंने उसे छोड़ दिया और वहीं चौड़े पाट वाले भिंड पर लेटकर आसमान को ताकती रही।

शायद एक–डेढ़ घण्टा बीता होगा, मुझे वैसे ही टकटकी लगाये हुए। साँझ का झुटपुटा छा गया था। मैं आसमान को ताके जा रही थी जिसके पटल पर अब एकाध तार झिलमिलाने लगा था। घोंची धान के पौधों को चरने में व्यस्त थी कि मुझे आवाज़ सुनाई दी।

'अंजुवा, एकदम्मे बहरी हो गयी का रे। कान में ठेप्पी डाल लिया है का गे।'

'ए अंजवा..,'

गोधूली की शान्ति को चीरते हुए एक तेज़ आवाज़ मुझे पुकार रही थी।

अगे मैया, घोंची ने चौधरी का डाबर लगभग चर डाला था, लगता था कि किसी ने तेज़ हँसुआ से सारे धान को छोप दिया है।

लगता है इसलिए चौधरी का कोई बिगड़ैल बेटवा पगला रहा है।

मैंने सलवार के पाँयचे उठाकर डाबर में पैठकर घोंची का टघेल पकड़कर उसे धकियाकर निकाला।

हमारी आपसी अंडरस्टैंडिंग इतनी ज़बर्दस्त थी कि जैसे शोले की बसन्ती और धन्नो–घोंची को बस मेरा एक इशारा ही काफ़ी था। हम दोनों वहाँ से तूफ़ान मेल की तरह उड़ चले।

पर लड़कों ने पीछा न छोड़ा। वे हमारे पीछे पुकारते हुए दौड़े चले आ रहे थे।

आगे–आगे हम–पीछे–पीछे वे।

पर हमने उन्हें छूने नहीं दिया। घोंची जल्दी से गुहाल में घुस गयी। उसका टाटी (बाँस का दरवाज़ा) भिड़ाकर मैं बरामदे से मुड़ी ही थी कि मुझे उन लोगों ने पकड़ लिया।

'हे भगवान! अब ये लोग दादी से मेरी शिकायत करेंगे। मैं क्या करूँ।' मैं हड़बड़ाती हुई अन्दर घुसने ही जा रही थी कि हरि भैया ने मुझे पकड़ लिया।

'अरे पगली, तुम्हारा रिजल्ट आ गया है।'

रिजल्ट?

पर मुझे तो मानो मूर्च्छा आ रही थी। हे भगवान! ये कैसी अवस्था है–जब आँख और कान खुले हैं, साँसें भी चल रही हैं, पर होश नहीं है। मैं टॉर्च दिखाये साँप–सी अविचल सम्मोहित भ्रमित खड़ी थी!

'रोल नम्बर दो।'

'तेरह' मेरे मुँह से अस्फुट आवाज़ निकली।

अखबार के तीन–चार पन्ने में रिजल्ट था। खोजकर वे लोग हार रहे थे, पर हार नहीं मान रहे थे। हरि भैया अब भी मेरी कलाई पकड़े हुए थे। मेरा धैर्य जवाब दे रहा था। तो क्या मैं फेल हो गयी?

सबने कहा था मुझे कि तेरह रोल नम्बर अनलकी होता है। वह साबित हो गया। मेरी आँखें आँसुओं से डबडबा गयीं।

तभी एक छोटे बच्चे ने कहा कि–'अरे काका, तेरह नम्बर तो सबसे ऊपर लिखा हुआ है!'

'आँय, कहाँ?'

तब सबने टॉर्च की रोशनी में उस चमत्कारी नम्बर के दर्शन किये। मुझे तो लग रहा था कि 'तेरह' अपनी कलाई और ललाट पर गुदवा लूँ।

अचानक मैं सबकी नज़रों में मोहक और महत्त्वपूर्ण हो गयी।

पर समझ में नहीं आया कि अभी मुझे मिस वर्ल्ड की तरह मुँह खोलकर दोनों हाथ गाल पर रखकर 'वाउ' करना चाहिए!

या ख़ुशी प्रदर्शन के लिए ज़ोर–ज़ोर से हँसना चाहिए।

या फिर गरिमायुक्त तरीक़े से इस स्थिति को सँभालना चाहिए।

तभी शोरगुल सुनकर दादी आ गयीं। उन्होंने मुझे इस स्थिति से उबारते हुए आदेश दिया–

'हरि भैया के पैर छुओ।'

मैंने हरि भैया ही नहीं दादी समेत सभी बड़ों के पैर छुए।

हाउ आर्टिफिशियल!

तभी दादी ने पूछा–'कौन डिवीजन में पास भेल गे?'

'अरे दादी, यह फ़र्स्ट आयी है पूरे स्कूल में।'

मैं माँ को बताने तब तक अन्दर दौड़ चुकी थी।

माँ, मेरी फ़िल्मी माँ! सबसे पहले भगवान को प्रणाम करने गहबर गयीं, फिर पनीली आँखों और थूक भरे चुम्बनों से मुझे चूमा। हमारा तो माँ की बस घुड़कियों, संटियों और गालियों से वास्ता था। आज उलटी गंगा कैसे बह गयी, जिसका बहाव मुझसे सँभाले नहीं सँभल रहा है। मुझे समझ नहीं आ रहा था कि मेरी प्रतिक्रिया, मेरा रोल और डायलॉग क्या होने चाहिए।

मेरे पास होने की ख़ुशी में उस रात कुछ ख़ास नहीं बनाया गया। झींगी की सब्ज़ी और मक्के की रोटी बनी थी खाने में। बस रात को हम बहनों ने ढेर सारे आम के अचार चुरा लिए और पास होने की ख़ुशी में चटखारे लिए।

सबके सो जाने पर मैं सोचती रही कि आख़िर मुझे वह ख़ुशी क्यों नहीं मिली जिसकी मैंने कल्पना की थी आज के इस दिन के लिए। वैसा क्यों नहीं लगा।

बस कुछ सन्न से दिल के भीतर से गुज़र गया था। क्या वो लक्ष्यबेध का तीर था, जो मुझे ही चुभ रहा था।

आख़िर मेरी प्रतिक्रिया इतनी कमज़ोर क्यों थी?

क्या अब मुझे पढ़ने को मिलेगा?

कितने प्रतिशत नम्बर आये होंगे?

चलो पास तो हुई, गाँव का गधा जन्म मिटा कि पथरियाँ की लड़कियाँ मैट्रिक पास नहीं कर सकती हैं!

क्या मेरा नाम लिम्का बुक ऑफ़ रिकॉर्ड में आ सकता है कि मैं अपने गाँव की पहली मैट्रिकुलेट लड़की हूँ?

क्या जाने?

पर उस रात मुझे नींद नहीं आयी थी, बस भविष्य के रंगीन सपने थे–सपने, सुनहरे सपने!

मेरे ननिहाल में हाथियों का आतंक

मेरी ननिहाल बरका कलाँ, ईचाक प्रखण्ड, हज़ारीबाग़ में है, जो सुदूर हज़ारीबाग़ अभयारण्य के जंगल के एक छोर पर बसा है। बरका कलाँ एक बहुत बड़ा गाँव है, क़रीब सात–आठ हज़ार की आबादी वाला जिसमें मुख्यतः कूर्मी और मेहता/महतो किसान प्रभु जाति है। जंगल से सटे होने के कारण, यहाँ अक्सर जंगली जानवरों का आना–जाना लगा ही रहता है। गाँव की प्रवेश सीमा पर जटाँग बागी (आमों का बाग़) है जिसे राजा पद्मा महाराज ने लगाया था। अब तो यह बाग़ भी अतिक्रमण और भू– माफ़ियाओं की गिरफ़्त में आ चुका है।

मैं तो उस समय की बात कहती हूँ, जब जटाँग बागी, हमारी गर्मी की छुट्टियों की 'टू–डू' लिस्ट में रहता था लेकिन वहाँ अकेले जाना हम सबके वश में न था। हम अनिल मामू और सुनील मामू की चिरौरी किया करते। दिन में भी वहाँ जाने में डर लगता था। कितने भोक्ताओं (एक विलुप्त होती जनजाति) और बीरहोरों के वहाँ देवता–भूत रहा करते थे, जिन्हें वो बोंगा कहते थे। उस बगीचे में सियार, खरहे, तीतर–बटेर और जंगली सूअर तो हमें अक्सर दिख जाते थे। मुख्य आकर्षण था वहाँ के आम। सुगिया, कलमिया, कसैली, मधुआ और कोहड़ा आम हमें विशेष प्रिय थे। जब हम बगीचे में टहल रहे थे तो पैर किसी भारी लीद जैसे गोबर में फँस गया। मैंने मामा से पूछा, ये क्या है?

मामा ने बताया–हाथी का लीद है।

'क्या हाथी यहाँ आते हैं?'

'हाँ, धान के मौसम में।'

'पर ये लीद तो ताज़ा लगता है, लगता है, आजकल भी आ रहे होंगे।'

'हो सकता है!'

'मामू, लगता है वो कहीं आसपास ही हैं।'

'अरे बाप रे, पेड़ पर चढ़ो जल्दी!'

हम दोनों एक जामुन के पेड़ पर चढ़ गये। गर्मी की लहकती दोपहर थी। कुछ दूर पर गन्ने के कोलसार (जहाँ गन्ने की पेराई होती है और गुड़ निकाला जाता है) थे और वहाँ मैंने देखा कि सात–आठ हाथियों का झुण्ड आराम से गन्ने के गट्ठर से गन्ने निकालकर खा रहा है। दो छोटे बच्चे भी हैं जो माँ के पैर से अपनी सूँड़ फँसाकर खड़े हैं। सबसे आगे था–ऊँचा, क़द्दावर, झुण्ड का नेता, जो सूँड़ को हवा में ले जाकर कुछ सूँघने की कोशिश कर रहा था। बीच में माँ और बच्चे। हमारा ख़ून जम गया था। घिग्घी बँध गयी थी।

आईएससी की परीक्षा में प्रथम स्थान ग्रहण करने (हज़ारीबाग़ वीमेंस कॉलेज, 1992) के बाद, नानाजी का सन्देश आया कि बड़े दिन की छुट्टियाँ उनके साथ बितायी जायें। नानाजी गोमिया हाईस्कूल में अध्यापक थे (अब सेवानिवृत्त हैं पर ज़िन्दा हैं)। बड़े ख़ुशदिल और माई डियर टाइप। क्रिकेट के भयंकर शौक़ीन और लाइव कॉमेंटरी देते थे।

हमें ननिहाल जाना बहुत अच्छा लगता था। एक तो नानाजी, अनिल और सुनील मामू के साथ बहुत मज़ा आता था दूसरे बरका कलाँ गाँव बहुत ख़ूबसूरत था। ईचाक से चार किमी दूर–सुरम्य प्रकृति की गोद में बसा, हज़ारीबाग़ राष्ट्रीय अभयारण्य के एक छोर पर बसा। जंगल से नज़दीक होने के कारण जंगली जानवर और आदिवासी, ख़ासकर भोक्ता और बीरहोर गाँव के बाहर टहलते अक्सर मिल जाते थे। सियार, हूँडार (भेड़िया और हयना का हाइब्रिड), भेड़िया, जंगली सूअर, खरहे इत्यादि को तो हम उतना भाव देते ही नहीं थे।

नानाजी का घर चारों तरफ़ धान और गन्ने के खेतों से घिरा हुआ गाँव से थोड़ा बाहर था। उन दिनों हाथियों और नीलगायों का भयंकर प्रकोप था। लेकिन सबसे ज़्यादा ख़तरा हाथियों से था। वे न सिर्फ़ धान व गन्ने के पौधे खाते और तहस–नहस करते, बल्कि झोंपड़ी, छोटे पेड़ और माचा (पुआल का ढेर) भी तोड़ डालते। किसी तूफ़ान से कम नहीं थे वे हाथी।

उस दिन रात को भारत और वेस्टइंडीज़ का क्रिकेट मैच था। नानाजी के पास एक ब्लैक एंड व्हाइट पोर्टेबल टीवी सेट था। हम शाम से ही टीवी के सामने जमे हुए थे। दिसम्बर का महीना था। बाहर काफ़ी ठण्ड थी। कपिलदेव बॉलिंग कर रहा था कि तभी बाहर टीन पीटने की हल्की आवाज़ सुनायी दी। मैंने नानाजी से पूछा। नानाजी ने मुझे जवाब देने से पहले नानी को डाँटा?

'दरवाज़ा बन्द है कि नहीं?'

'हाँ!'

फिर उन्होंने मामू को मशाल जलाने को कहा। पल भर में ही पहले से तैयार चार मशालें जला दी गयीं। आगे–आगे नानाजी, फिर अनिल और सुनील मामा और सबके पीछे मैं। हम सब छत पर आ गये। उधर मचानों पर गाँववाले और आदिवासी बेतरह टीन और माँदल पीटे जा रहे थे। मशाल की रोशनी और चाँदनी रात में सात विशालकाय हाथी–हथिनी और उनके साथ दो शिशु हाथी अपनी सूँड़ से माँ को पकड़े हुए दिखाई दिये। जो सबसे क़द्दावर और बड़ा दिख रहा था, शायद उनका नेता होगा, वह बीच–बीच में चिंघाड़ता और सूँड़ को हवा में घुमाकर कुछ सूँघने की कोशिश करता। कचर–कचर धान के पौधे खाकर जब वे तृप्त हो गये तब स्वीट डिश की तलब मिटाने के लिए गन्ने के खेत की तरफ़ मस्त चाल से चल दिये। हम लोगों को जैसे किसी ने मन्त्र मारकर, हाथ में मशालें देकर स्टैच्यू बना दिया हो। हमें यह भी याद नहीं रहा कि ये मशालें हमने हाथियों को खदेड़ने के लिए जलायी थीं। उन्हीं मशालों की रोशनी में हम नीचे उतर आये।

अभी तक लोग कोलाहल मचा रहे थे और टीन बजा रहे थे।

नानाजी चिल्लाकर बोले, 'बन्द करो अपना टीपीर–टीपीर, और ख़बरदार किसी ने मशाल या भाला फेंका, देखते नहीं उनके साथ बच्चे हैं, अगर उनके बच्चों को कुछ हुआ तो हाथी बदला लेंगे सबसे, उनको ग़ुस्सा ना दिलाओ।'

हाथी जा चुके थे। वहाँ के लोगों के लिए कोई ख़ास बात नहीं थी। वे हाथियों को तब से देख रहे थे जब ये हाथी भी शिशु थे। हाथियों से अपने खेतों की सुरक्षा के लिए काफ़ी लम्बे समय से सरकारी सहायता की बाट जोह रहे थे–

ख़ैर, हम नीचे आ गये। मैंने सबके लिए चाय बनायी। नानाजी बोले–देखा अंजू तुमने हाथी कैसे चिंघाड़ रहे थे?

नाना और नानी एक साथ बोल उठे–'चिर्र...चिर्र...चिर्र...चिर्र'

मैं और दोनों मामू ज़ोर से हँस पड़े।

बीरहोर

मेरे गाँव के आसपास बहुत से बीरहोर रहा करते थे। बीरहोर झारखण्ड की एक लुप्तप्राय जनजाति है और बहुत जल्दी नयी सभ्यता और विकास की दौड़ में पिछड़ जाने की वजह से विलुप्त हो सकती है।

ये बीरहोर गाँव में धान–रोपाई के समय आते और पूरी बरसात गाँव में बने रहते। चूँकि उनका कोई स्थायी ठिकाना नहीं होता था, अतः जंगल की ओर लौट जाते थे और दूसरी जगह अपना कुर्हा (डेरा) बना लेते थे। साधारण जीवन जीते हुए भी इनकी जीवन–शैली विशिष्ट थी। प्रकृति पुत्र होते हुए भी बातचीत करने में बहुत शरमाते थे। शिकार करने में कुशल, रस्सी बटने में दक्ष बीरहोर हमारे लिए झूले की रस्सी लेकर आते और हमें झूलते देखकर शरमा जाते और मुँह घुमाकर फिक्क से हँस देते।

एक बार मैं मामू के साथ जामुन बीनने जटाँग बागी (बहुत बड़ा आम का बगीचा) गयी थी कि बीरहोर के कूर्हे से धुआँ उड़ता हुआ दिखा। मामू और मैं यह देखने को बहुत उत्सुक थे कि उनका कूर्हा अन्दर से कैसा है? क्या अन्दर खड़े हो सकते हैं या साँप जैसे ही रेंगकर घुसना पड़ता होगा? अन्दर कितने खन्द (कमरे) हैं?

हम दोनों दबे पैर उनके कुर्हे में झाँकने का प्रयास कर ही रहे थे कि एक बुज़ुर्ग बीरहोर ने हमें मना किया–

'ओने कुरहान में न जाही संगी, हामी के बोंगा–पितर हई!'

(उधर कुर्हा में नहीं जाओ दोस्त, उधर हमारे देवता–पितर रहते हैं।)

मामू ने उनको बताया कि हम कूर्हा अन्दर से देखना चाहते हैं। ख़ासकर मेरी भानजी (मैं) अन्दर जाकर खड़ी होकर देखना चाहती है।

'नहीं संगी, डिकु नई जा सकता।'

'क्यों'?

थोड़ी देर मैंने और मामू ने उन्हें मनाने की कोशिश की, पर वह नहीं माना।

तभी मुझे वह गाली वाला दोहा याद आया जो मेरी मामी ने सिखाया था और कहा था कि अगर उनको चिढ़ाना हो तो यह बोलना और फिर देखना कि कितना मज़ा आता है!

मैंने वही किया। ज़ोर से चिल्लाकर कहा–

इडिंग–बिडिंग जौन कना
चूचको न डेढ़ कना!

वह सचमुच ग़ुस्सा हो गया और अपनी भाषा में हमें फटकारने लगा। तब तक मैं और मामू कुलाँचे भरते हुए वहाँ से जा चुके थे।

अगली बार वह बूढ़ा बीरहोर हमें नानी के घर में ही मिला। उनके लाठा–कुंडी (सिंचाई की एक पद्धति) के लिए रस्सी देने आया था। उसको देखते ही मैं और मामू छिप गये। उसने भी हमें देखकर अनदेखा किया और चला गया।

मैंने नानाजी को पकड़ा और बीरहोर के बारे में जानने की ज़िद की। नानाजी ने बहुत आनाकानी की पर हम सब अड़े रहे और तब उन्होंने बताया कि बीरहोर झारखण्ड के जंगलों में कब बसे, यह किसी को पता नहीं पर वैज्ञानिकों ने उनकी रक्त कणिका से यह निष्कर्ष लगाया कि वे कम–से–कम पाँच हज़ार वर्ष पुराने हैं। यानी, पूर्व वैदिक काल के। कई इतिहासकार यह भी मानते हैं कि ये सिन्धु घाटी सभ्यता (जिसका समय–चक्र भी लगभग पाँच हज़ार वर्ष पहले का है) के समकालीन रहे होंगे।

बीरहोर नाम सम्भवतः इनकी साहसी और वीर प्रकृति के कारण पड़ा होगा। ये खुले आसमान के नीचे घनघोर जंगल में हिंसक जंगली जानवरों के बीच आराम से रहते हैं। ये बड़े कुशल शिकारी होते हैं।

अपने नुकीले तीरों, रस्सियों और जालियों की सहायता से बड़े–बड़े जानवरों को भी क़ाबू में कर लेते हैं। लालसर, फिसेंट, कबूतर, जंगली तीतर, बटेर और खरहे पकड़ने में कुशल होते हैं।

हम लोग बचपन में घर के बरामदे से बीरहोर का इन्तज़ार किया करते थे कि वे बड़े से जाल को कन्धे से लटकाये और तार के पिंजड़े में खरहे लिए जाते दिखे। उनको पाँच सौ मीटर पर देखते ही हम गिरते–पड़ते दादाजी को बुलाने दौड़ पड़ते। दादाजी बहुत मोल–भाव करके बीरहोर से तीतर या खरहा ख़रीद लेते। उसे थोड़ी–सी शराब दे देते तो वह खरहे को काटकर मीट तैयार कर देता। यह सारा कार्यकलाप दादी के संज्ञान में नहीं होता।

एक बार, बीरहोर पूरे परिवार समेत मेरे आँगन में खड़ा था। उसकी पत्नी ने बस एक कपड़ा महत्त्वपूर्ण स्थानों को छुपाने के लिए लपेट लिया था और बच्चे और बीरहोर सिर्फ़ निचले हिस्से में एक कोपीन पहने हुए थे। हम बच्चे उन्हें देखकर चिल्लाने लगे–

इडिंग–बिडिंग बिल्होर बोले
टिक–टिक कर तीतर डोले!

वे बड़ी देर तक खड़े–खड़े दादाजी को बस यही समझाते रहे–'न संगी, न रहिस, हाम न रहिस।'

'क्या हुआ?' उनको बासी रोटियाँ देकर विदा करने के बाद दादी ने दादाजी से पूछा।

'अरे कुछ नहीं, ये बीरहोर पूरे पागल हैं। राजीव गाँधी आवास योजना के तहत सरकार इनको पक्के घर बनवाकर दे रही है पर ये उन घरों में जाने को तैयार नहीं हैं।'

'क्यों?'

दादाजी ठठाकर हँस पड़े–'सारे! कहते हैं कि घर बोलता है, जब ये बोलते हैं।'

बीरहोर बड़े ही मासूम होते हैं। बेचारों को क्या पता कि ख़ाली पक्के घरों में कोई भूत नहीं बोलता। ये जंगल में रहकर शेर और बाघ से नहीं डरते, पर अदृश्य भूत से डरते हैं! जो इनके पक्के घरों में अदृश्य रूप से रहते हैं।

अगली बार जब हम नानी के घर गये तो देखा कि पक्के घरों के प्रांगण में पत्तों के कुर्हे बने हैं!

हमारी उत्सुकता बढ़ी। हम जब कॉलोनी में गये तो देखा कि बीरहोर उन कुर्हों में रह रहे हैं। एक ख़ाली जगह को अखाड़ा बनाया हुआ है।

हमने एक युवक से पूछा 'क्या वे पक्के घर ख़ाली पड़े हैं?'

'नहीं, ख़ाली तो नहीं हैं। उसमें हमारे गाय, बकरी व मुर्गियाँ रहते हैं। पर वे घर उनके लायक भी नहीं हैं। गाय कितनी बार फिसल कर गिरते–गिरते बची। मुर्गियाँ खिड़की और रोशनदान से निकल भागती हैं। आइए, देखिए न आप लोग।'

वह युवक हमें वहाँ ले गया। दो कमरों का पूरा घर गाय के गोबर और मुर्गियों व बकरियों की बीट से पटा हुआ था। गायों के खुर से ज़मीन का फ़र्श खुँद गया था। सब तरफ़ दुर्गन्ध फैली हुई थी।

युवक ने सफ़ाई न होने की सफ़ाई दी और कहा–

'सरकार हमसे पूछ लेती कि हमें घर चाहिए भी या नहीं? या फिर कैसा घर चाहिए? हमारी औरतें–बच्चे नंगे हैं, ठण्ड लगने से मर रहे हैं! कई बीमारियों की चपेट में आकर हमारी प्रजाति विलुप्त होती जा रही है। जंगल कटते जा रहे हैं। हमारे लोग और कोई रोज़गार नहीं कर पाते। उनको और कुछ आता ही नहीं। भुखमरी और लाइलाज बीमारियों से वे मरते जा रहे हैं। सरकार को उनको खाना और दवाइयाँ देनी चाहिए। इस घर का हम क्या करें? हमारे बोंगा (देवताओं) ने इसमें रहने से मना कर दिया है। तो हम उन्हें छोड़कर अकेले कैसे रहें! बताइए।'

'देवता ने मना कर दिया? कैसे?'

'ये आप नहीं समझेंगी। बोंगा ने पाहन बीर को सपना दिया था कि हम बस सहोर और साल के पेड़ पर रह सकते हैं। किसी ने मोटे साल पेड़ को जख़्मी कर दिया। देवता भी घायल हो गये। तब पाहन ने पूजा करके पूछा तो बताया कि हम दूसरे पेड़ पर तो जा सकते हैं परन्तु पक्के घर में कदापि नहीं! और तब हम सबने बोंगा और अपने लिए कॉलोनी में कुर्हा बनाया और उसमें रहने लगे।'

मुझे कुछ समझ में नहीं आ रहा था। राष्ट्रीय राजमार्ग–33, जो हज़ारीबाग़ जाता है, उसके ठीक बगल में सीझुआ–कलाँ के सखुआ, महुआ और भीटे के जंगलों में ऐसी दुनिया बसती है! जहाँ प्रकृति पुत्र–बीरहोर अपने जंगलों के साथ रहना चाहते हैं। पत्ते के कूर्हा के लिए पक्के मकानों को छोड़ देते हैं!

जिन्हें देवता अभी भी सपने में आकर जीवन के लिए दिशा–निर्देश देते हैं!

जिनके देवता साल के पेड़ छोड़कर मन्दिर और पक्के सुरक्षित घरों में रहने नहीं जाते।

जो लाइलाज बीमारियों से ग्रसित होकर भी जीवन से भरी उजली हँसी हँस सकते हैं!

जो भूखे पेट भी रात–भर माँदर की थाप पर नाच सकते हैं!

वे सुखी हैं या हम?

वे ख़ुश हैं या हम?

हम इन जंगलों के मालिक हैं!

इनकी सारी ज़मीनों का क़ब्ज़ा हमारे पास है।

इनके लिए घर हम बनाते हैं।

इनके लिए क़ानून हम बनाते हैं।

इनको क्या चाहिए हम तय करते हैं।

इनके जंगल हम काट डालते हैं, उन्हें भिखारी बना देते हैं। फिर हम और हमारे बच्चे इन पर हँसते हैं। इनका मज़ाक़ बनाते हैं। मुझे अचानक बड़ी ग्लानि हुई और जी भर आया।

मैंगो सीरीज़

अमराई

ब्रह्मवैवर्त्त पुराण के अनुसार, दिन में कभी नहीं सोना चाहिए। परन्तु ज्येष्ठ मास में दोपहर के समय एक मुहूर्त (48 मिनट) के लिए सोया जा सकता है। इसको चरितार्थ करने के लिए माँ, दादी, चाची और बुआ दोपहर को सो जाया करती थीं। चूँकि, बच्चों पर शास्त्र लागू नहीं होता, हम सब सुबह की स्कूल से वापस आकर, बस्ता फेंककर बगीचे की तरफ़ भाग लिया करते थे जहाँ हमारा इन्तज़ार कर रहे होते थे–चिनिया, सिन्दुरिया, कसैलिया, केड़ा, कोहंडा, केलिया, खटहाँ आम। भैया लोग लेबदा और झटहा (लकड़ी के टुकड़े ख़ासकर आम झाड़ने–तोड़ने के लिए इस्तेमाल होते थे) से आम झाड़ते। या फिर पत्थर और ढेला से भी आम झाड़ लिए जाते। क्या निशाना लगाते, वाह!

फिर चाकू से उन्हें छीलना, कतरना, नमक–मिर्च में सानना, खाना और चटखारे भरना। मुँह–आँख रतनार, दाँत खट्टे, सिसकारी और बाद में सर्दी और खाँसी। टिकोरों की गुठलियों (कोलासी) को अँगूठे और तर्जनी के बीच दबाकर उछाल दिया जाता और हम एक स्वर में गाते–

कोल–कोलासी
सुन मैया–मौसी
फलना का ब्याह कन्ने होसि?

हमें बैठे–बिठाये सबके ससुराल का नक़्शा मिल जाता, फिर उस बच्चे को सब चिढ़ाते।

कभी धूल के बगूले उठते, जिन्हें हम बरंडोईया (बवंडर) कहते थे। ऐसी मान्यता थी कि हाल–फ़िलहाल गाँव में मरा हुआ व्यक्ति भूत बनकर उस बरंडोई में आ रहा है। हम–सब एक–दूसरे से चिपक जाते और चाकू को छू लेने की कोशिश करते। कहा जाता है कि लोहे के नज़दीक भूत नहीं आता।

आम का नशा सब डर–भय से ऊपर था। हमें न भूत डरा सकता था, न तूफ़ान और न ही वह रखवाला चौकीदार, हम आम के दीवाने थे और आम के बगीचे भी हमारे आशिक़। दोपहर में घर सुनसान और अमराई हमारे अलबेले खेलों से गुलज़ार हुआ करती थी। कोना–कोनी, डोल–पत्ता, पिट्टू, कबड्डी, बुढ़िया कबड्डी और सतघरवा।

जब दोपहर ढल रही होती और घर की महिलाओं के जागने का समय होता तो हम कुछ अच्छे आम लेकर घर आते। माँ ग़ुस्सा होतीं पर तुरन्त हुलसकर आमपना और आमझोर बना डालतीं।

बाक़ी आम को टुकड़े कर आमचूर और खटाई बनाने के लिए डाल देतीं।

अब उन बगीचों में कोई नहीं खेलता, अब सब उन्नत हो गये हैं। बच्चे मोबाइल और लैपटॉप से खेलते हैं। अमचूर, खटाई और आमपना के बने–बनाये पैक बाज़ार में उपलब्ध हैं। फालतू लोग, फालतू बच्चे और फालतू समय अब कहाँ है?

चौरहा आम

कौने गाँव जनमय केरा कठहल हे भल गुइयाँ
कौने गाँव महकय चौरहा आम हे भल गुइयाँ?

(खोरठा लोकगीत में चौरहा आम का ज़िक्र मिलता है। आज की ये आम–कथा चौरहा आम को समर्पित है।)

आम का मौसम आँधियों का भी मौसम है।

शाम गहराने वाली थी। थोड़ा–बहुत अँधेरा छा रहा था और हवा की सरसराहट बढ़ रही थी, जो आँधी आने का संकेत था। हम सब दादाजी की टॉर्च चुराकर भागने के फेर में थे कि दादी ने हमें देख लिया और आदेश किया कि बरामदे और कुएँ पर जो ढलाई हो रही है उसमें हम राजमिस्त्री के असिस्टेंट बन जायें। हम मन मारकर पानी–ईंट वग़ैरह ढोने लगे। आँधी तेज़ होती गयी और हमारे मन में भी आँधी चलने लगी। एक घण्टे बाद जब राजमिस्त्री ने काम रोका (अँधेरे की वजह से कुछ दिख नहीं पा रहा था, इसलिए), तो हम निकल भागे। रास्ते पर पहुँचकर यह विचार किया कि किस बगीचे में जायें? अन्त में बहुत वाद–विवाद के बाद यह तय हुआ कि चौरहा आम के पेड़ के पास चलते हैं। चौरहा एक विशालकाय, बहुत बड़ा पेड़ था। उसके आम बहुत मीठे और ख़ूबसूरत पीले रंग के थे।

पर, आँधी इतनी तेज़ कि हमारे पैर उखाड़ दे रही थी। आँखों में धूल–मिट्टी और रेत पड़ रहे थे। साथ ही ओले गिरने लगे और भयंकर गर्जन के साथ बारिश होने लगी। हम चारों भाई–बहनों ने रेवा महतो जी के गुहाल में शरण ली। आज के इस महान सुअवसर पर

चौरहा आम न चुन पाने का भयंकर अफ़सोस हुआ। छोटे भाई–बहन रोने लगे कि घर पहुँचकर दादा–दादी, माँ और चाची सबसे पिटाई और झाड़ मिलेगी ऊपर से 'मैंगो–मिशन' असफल रहा।

ख़ैर, तभी बड़ा धमाका–सा हुआ। कोई पेड़ अररा कर गिरा।

हम सब बारिश के बावजूद बाहर निकल आये। कुत्ते भौंककर हलकान थे। चिड़ियाँ ख़ासकर बगुले करकर्रा रहे थे। चीख़–पुकार मची हुई थी। सब एक–दूसरे को निर्देश दे रहे थे पर कोई किसी की सुन नहीं रहा था। बहुत कन्फ़्यूजन था। तभी कुछ लोग मेरे पड़ोसी कालों को पैर–हाथ से टाँगकर लाते हुए दिखे। माथे और बाँह से उसके ख़ून बह रहा था। वह दर्द से कराह रहा था–मैया गे मैया, बप्पा हो बप्पा!

'क्या हुआ'–मैंने पूछा। उत्तर देने के बजाय एक भैया ने कटमटाकर मेरी ओर देखा और दाँत पीसते हुए बोला–'तुम लोग घर जाओ तो। चाची (मेरी माँ) डांग लेकर बैठी हुई हैं। तुमको चोट लगना चाहिए था। चौरहा आम तुम पर गिरता तो मज़ा आता। घर में पाँव नहीं टिकते इनके। पैर तोड़कर हाथ में दे दूँगा। चाची भी ख़ुश होंगी। क़ाबिल बनी फिरती है, सब छोटों को भी इसने बरगला रखा है।

इतनी लानत तो गाँव में सारे बड़ों का अधिकार था। किसी का भी बच्चा अगर बेहिसाब चल रहा है तो उसे सही राह पर लाना सामूहिक ज़िम्मेदारी थी। बच्चों के माँ–बाप भी बुरा नहीं बल्कि डाँटने वाले का अहसान ही मानते थे। शोषण का केस लेकर एनजीओ या थाना–पुलिस नहीं करते थे। कहने का मतलब छोटों के शोषण के लिए सभी बड़ों में एकता थी, भाईचारा था।

मेरे तो प्राण उड़ गये।

हाय, चौरहा आम गिर गया!

पथरिया (मेरा गाँव) की पहचान चली गयी। हमारे खेलने की एक प्रिय जगह छूट गयी। ओह, सहेलियों के मिलने की जगह, सुबह–शाम फ़ारिग़ होने के पहले और बाद में एक–दूसरे को सूचित करने की जगह, अधूरे झगड़ों का निपटान और नये विवादों का जन्म–स्थल, साइबेरियन

क्रेन यानी बगुलों का अस्थायी शरण–स्थल चौरहा आम गिर गया! हमारे कई अधूरे प्रेम–प्रसंगों का मूक गवाह, हमारे खेल–खिलौनों, कंचे और गुड़ियों के छिपाने का शरणगाह चौरहा आम नहीं रहा! उससे भी ज़्यादा अफ़सोस था कि अब चौधरी के लड़कों का क्या होगा? चौरहा आम के कारण उनकी काफ़ी पूछ थी। वे दिन–रात आम को अगोरते रहते। सुबह का नाश्ता आम, दुपहर का खाना आम, रात को खाने में भी टॉर्च से खोजे हुए आम। हम सब आम के मौसम में उनके दोस्त बन जाते और सीजन जाते ही बाय–बाय कर देते! आशीष व गोपाल मेरे हमउम्र थे। वे कभी–कभी अपना पाया–खोजा आम भी हमें दे देते। उनकी दीदी भी हमारी दोस्त थीं। वह भी मेरे घर आम भेजतीं। चाची (गोपाल की माँ) की तो मैं बहुत प्रिय थी। वो भी हमें खाने को आम देतीं। हाय, अब वैसा आम कभी भी पथरिया में ना होगा।

ऐसा और इतना मैंने उस समय नहीं सोचा। उस समय तो हम भाई–बहन भी भीड़ के पीछे–पीछे कालों के घर चल पड़े। वैसे भी हमारी आदत थी कि जहाँ हल्ला हो रहा है, झगड़ा–फसाद की सम्भावना है, कुछ ड्रामा और थ्रिल होने को है, वहाँ हम सब किसी अदृश्य शक्ति से खिंचे पहुँच जाते थे।

कालों को उसके घर के आँगन में एक खरहरी खटिया पर लिटा दिया गया। उसकी माँ और भाभी ने देखा तो व्याकुल हो गयीं। बुआ (कालों की माँ) तो बैन करने लग गयीं।

–बेटा रे बेटा, काहे उस चधुरिया के अंबवाँ में गया रे! बैलों को पानी कौन देगा रे, कालों बेटा रे!

फिर फूफाजी को देखकर जो कालों को पढ़ने–लिखने के लिए डाँटते–फटकारते रहते थे–पड़ गया इसके करेजा में ठण्डक। हो गयी इसकी मुराद पूरी। अब कन्धे पर झरझोटा (गाँव का श्मशान) लेकर जायेगा ये बेटे को। अरे बाप रे माई गे...

गाँव के समझदार लोगों ने उन्हें एक किनारे बिठा दिया और कालों के उपचार में लग गये।

'अरे! हवा छोड़ दो भाई।'

'अरे, थोड़ा गरम पानी लाओ, कनिया!'

'डॉक्टर को बुलाओ!'

'सबसे पहले बच्चों और कुत्तों को हटाओ।'

मुझे डर लगा कि अब तो हमें भगा दिया जायेगा, पहले हम सब खटिया के बगल से हट गये और बुआ के पास बैठ गये। मैंने सोहो बुआ को पानी ला दिया। उनका हाथ सहलाने लगी।

तभी डॉक्टर आ गया। आते ही उसने कैंची माँगी।

'अरे बाप रे, क्या सीधा चीर डालेगा? कैसा डॉक्टर है?'

मैं भागकर अन्दर से कैंची ले आयी। इसी कारण मुझे रोगी के बेहद क़रीब खड़े होने का मौक़ा मिल गया। मुझे वीआईपी जैसा महसूस हो रहा था। डॉक्टर ने कैंची से कालों के मोटे जाकेट और टी–शर्ट को काट डाला। और उसे धीरे–धीरे शरीर से अलग करने लगा।

अरे, यह क्या! कालू के जैकेट से पके आम गिर रहे थे। क़रीब बीस–पच्चीस छोटे–छोटे चौरहा आम–खटिया के नीचे और आसपास बिखर गये। सब लोग कालों के इलाज और डॉक्टर में उलझे थे। मैंने झुककर खटिया के नीचे से वे सारे आम निकाले और फ्रॉक में खोईछा भरकर सर्र से बाहर निकल गयी। घर आते ही हम सब भाई–बहन आम पर टूट पड़े। बहुत मज़ा आया था उस दिन आम खाकर।

हमने, कालों को मन–ही–मन धन्यवाद दिया।

किसी ने बाद में मेरी मैया को रिपोर्ट कर ही दी और हम पिट गये। यह कोई नयी बात नहीं थी। असल ख़ुशी थी कि हमने भी चौरहा आम की अन्तिम फ़सल खायी जिससे हम लगभग वंचित हो चुके थे।

आम और अजगर

सभी फलों का राजा आम
मीठा–मीठा ताज़ा आम
आओ बच्चो खा लो आम।

कक्षा तीन की किताब में पढ़ी यह कविता अब तक सिर्फ़ इसलिए याद है कि मैं आमप्रेमी हूँ। खट्टा, मीठा, कसैला, कच्चा या पक्का कैसा भी आम हो, मुझे प्रिय है। जैसा कि आम प्रेम में मेरे साथ होता था, घर से भागकर आम चुनने भाग जाना और लौटने पर डाँट–मार और दादाजी का सोटा।

पर भरी दुपहरी, सनसनाती हवा, तवे–सी जलती ज़मीन और आग बरसाता सूरज, गलियाँ सुनसान और सिर्फ़ हमजोलियों की टोली आम के पेड़ के नीचे। जैसे, मियाँ की दौड़ मस्जिद तक वैसे उन दिनों हम अन्त में पूनम के कोहंडवा आम तले जमा होते थे। उस आम का छिलका बस हरे कद्दू जैसा था, खाने में वह गुड़ की तरह मीठा और गूदेदार हुआ करता था। पका हुआ आम टपकता भी बहुत था। दस मिनट में कम–से–कम दो–तीन आम तो गिर ही जाते। आगे की तरफ़ ज़्यादा आम थे और पके भी थे, शायद दक्षिणमुखी होने के कारण उस ओर सूर्य की रोशनी ज़्यादा मिलती थी। फ़ोटोट्रॉपिक परिघटना भी हो सकती है।

ख़ैर, अधिकतर बच्चे उसी ओर खड़े रहते। पीछे की ओर बहुत कम लोग होते।

कोहंडवा आम बहुत पुराना था। हर गर्मी की आँधी में कम–से–कम एकाध डालियाँ तो गिर ही जाती होंगी। इसलिए, पेड़ में खोंडर हो गये थे। उनमें कौवे, तोते और बुलबुल घोंसले बनाते या यूँ ही पड़े रहते।

गर्मी का मौसम इनका भी ब्रीडिंग सीजन होता है। यह भी हम बच्चों के लिए खेल का साधन था। हम खोंडर में हाथ डालकर चिड़िया या उनके बच्चों को टटोलने की कोशिश करते। कई बार हम तोते के बच्चे खोंडर से निकाल लाते। उसे एक छोटी टहनी पर बिठाकर बेचने के लिए आसपास के घरों में जाते। उस समय कोई भी तोते का बच्चा निकाल सकता था, सो उन्हें बेचना अत्यन्त कठिन होता। अन्त में माँ ने ही पाँच रुपये देकर तोता का बच्चा ख़रीदा था, और बाद में पीटकर वो पैसे भी ले लिए थे, क्योंकि हम उससे जो सफ़ेद गुब्बारे ख़रीद रहे थे, वह वास्तव में कण्डोम थे। हमने ढेर सारे कण्डोम फुलाकर साइकिल के पहियों के दोनों ओर बाँध दिये थे। जब साइकिल चलती तो कर्र–कर्र की कर्णप्रिय आवाज़ निकलती थी, जिससे हमें घण्टी नहीं बजानी पड़ती थी, और लोग साइड हो जाते थे। उन दिनों घण्टी बजाना बड़ा मुश्किल काम था जबकि हम साइकिल की बराबर हाइट के थे। पर माँ को मेरा लॉजिक कभी सही नहीं लगा और मुझे ख़ूब कूटा।

ख़ैर, एक बार हम सब कोहंडवा आम पेड़ के नीचे जमा थे। हमने कोलाहल मचा रखा था कि तभी ऊपर से एक अजगर धप्प से मेरे आगे गिरा। क़रीब दो मीटर लम्बा, पीले रंग का, जिस पर ब्राउन धब्बे थे। अच्छा–ख़ासा मोटा था। निश्चित तो नहीं बता सकती, पर जिधर वो चल रहा था वहाँ धूल में जोहड़ जैसा लहरदार निशान बनता जाता था। सारे बच्चे सकपका गये। कुछेक पलों बाद हमने गुहार लगाना शुरू किया।

'साँप–साँप!'

'दौड़ो–दौड़ो हो लोगो। साँप हो बड़का सँपवा...'

कुछ लोग लाठी लेकर साँप को मारने आये। पर साँप ज़्यादा चालाक था। वह उजिर के घर के पीछे की तरफ़ रखे मिट्टी के ढेर

में घुस गया और ग़ायब हो गया। आज भी वह अद्‌भुत अकल्पित नज़ारा मेरी आँखों और ज़ेहन में क़ैद है। शायद चिड़ियों का शिकार करने की घात में बैठा था और आँधी में सन्तुलन बिगड़ जाने से गिर पड़ा होगा।

मेरी दादी यह हल्ला सुनकर कैसे न आतीं। आते ही बरसने लगीं। और हम सब हो गये नौ दो ग्यारह।

आम का दाम

जैसा कि पहले बता चुकी हूँ कि मेरे गाँव का चौरहा आम का पेड़ गिर गया। जिस दिन पेड़ गिरा, अजीब संयोग से हम आम चुनने में शामिल नहीं हो सके। यह भी इत्तेफ़ाक़ रहा कि हम आम गिरने को देख पाये। हम तो कालों के पीछे–पीछे उसके घर आ गये। उसी के आँगन में पता चला कि आम का पेड़ गिर जाने से दो लोग और भी घायल हो गये हैं। एक तो गाँव के पण्डित का लड़का (मेरा हमउम्र) प्रीतो था और दूसरी एक बड़ी दीदी थीं। सबसे अधिक चोटिल प्रीतो ही हुआ था। उसके दाहिने पैर की हड्डी कई जगह से टूट गयी थी। चमड़ी उधड़ गयी थी। बाद में उसको हज़ारीबाग़ सदर हॉस्पिटल में भी भर्ती किया गया था।

प्रीतो मेरा दोस्त था। वह आम के मौसम में हमें कम दाम पर आम बेचता था। हम कभी–कभी गुठरिया आम और केलवा आम के नीचे घण्टों खड़े रहते पर एक भी आम न मिलता। तब हमें प्रीतो ने दो केलवा आम एक रुपये में बेचे थे। बाद में हमारी साख बढ़ने पर कभी–कभी वह उधार पर भी आम दे दिया करता था, जिसे हम सुविधानुसार चुका दिया करते थे।

सबसे अच्छा तब होता था जब नानाजी हमारे घर आते थे। वो हमेशा जाते वक़्त हमें दो रुपये का नोट दे देते थे। एक बार तो उन्होंने हमें पाँच रुपये भी दिये थे। हम ख़ुशी–ख़ुशी नानाजी को बस स्टैंड (गुसाईडीह) तक छोड़ने जाते, और पैसे मिलने तक बेसब्री से इन्तज़ार करते। रुपये मिलते ही हम कुलाँचे भरते भाग खड़े होते।

हमने प्रीतो की दो रुपये की उधारी नानाजी के भरोसे कर रखी थी। पर नानाजी गर्मी की छुट्टियों के बाद आनेवाले थे। प्रीतो तो मई में ही घायल हो गया। घर में बन्द हो गया। उसकी माँ से हम सबको बड़ा डर लगता था। हम इन्तज़ार करते रहे कि प्रीतो ठीक होकर फिर आम झाड़ने/चुनने आये और हम उसका उधार चुका दें।

पर तब तक उचित इलाज के अभाव में प्रीतो की हालत बिगड़ती गयी। किसी तरह टाँग–टूँगकर उसे हज़ारीबाग़ सदर हॉस्पिटल में भर्ती कराया गया। वहाँ से शायद ऑपरेशन और प्लास्टर चढ़ाकर प्रीतो की माँ और भाई घर ले आये।

फिर गाँव में अफ़वाह उड़ी कि प्रीतो का घाव सड़ गया है। उसके घाव में कीड़े हो गये हैं। उस समय हम बच्चे थे। यह सुनकर हम सब बेतरह डर गये। पर उस समय तक यह विश्वास था कि प्रीतो ठीक हो जायेगा। एक दिन सबकी नज़र बचाकर मैं और सरिता (मेरी सहेली) उससे मिलने उसके घर गये। वह कराह रहा था। हमें देखकर मुस्कुराकर उठने की कोशिश करने लगा। मैंने उससे कहा कि मुझे उसका उधार याद है, नानाजी के आते ही चुका दूँगी। वह मानो बहुत दूर से मुस्कुराया और उसने मुश्किल से अस्फुट स्वर में कहा–'हो सके तो मेरी माँ को दे देना।'

उसके दो–चार दिन बाद मैं और सरिता शाम को पूरब की तरफ़ जा रहे थे कि उसका भाई शाम के धुँधलके में लपककर जाता हुआ दिखायी पड़ा। मैंने पूछा–'प्रीतो कैसा है अब?'

'प्रीतो नहीं रहा, गुज़र गया', आँसू पोंछते हुए उसने कहा।

'तुम कहाँ जा रहे हो?'

'मैं यजमानों के यहाँ बलहरी जा रहा हूँ, पैसों का इन्तज़ाम करने।'

आह, उसका भाई ख़ुद ही बारह–तेरह साल का था और रात को अकेले जंगली रास्तों से होता हुआ अपने छोटे भाई के कफ़न का इन्तज़ाम करने के लिए भागदौड़ कर रहा था और मैं उसके दो रुपये अदा नहीं कर सकती?

मैंने अपने भीतर एक रुलाई का आलोड़न महसूस किया। डर भी लगा, मानो प्रीतो मेरे सामने खड़ा हो और अपने पैसे माँग रहा हो। मैं घर आकर सीधा दादी की गोद में गिर पड़ी।

'दादी दो रुपये दे दो न, मुझे प्रीतो के लिए कफ़न ख़रीदना है। मेरे ऊपर उसके दो रुपये उधार थे। मैंने आम ख़रीदे थे उससे। अब वो मुझे डरायेगा। सपने में आयेगा। दादी दो रुपये दे दो न।'

'तुम चुप हो जाओ, बेटी। मैं पण्डिताइन के घर ही जा रही हूँ। जो कुछ बन पड़ेगा, हम ज़रूर मदद करेंगे। हाय, सोने की छड़ी खो गयी बेचारी पण्डिताइन की। तुम चुप हो जाओ।' दादी ने आँसू पोंछते हुए कहा। गाँव–घर के सम्मिलित सहयोग से प्रीतो का अन्तिम संस्कार किया जा सका।

उसके बाद, बहुत दिनों तक मैं प्रीतो के घर के सामने से गुज़रते हुए डरती थी। लगता कि प्रीतो मुझे घूर रहा है, पूछ रहा है कि–'तुमने दादी को क्यों बताया कि मैंने तुम्हें आम बेचे थे। वह तो हम दोनों का सीक्रेट था।'

'तुम झूठी हो, तुमने मेरी माँ के हाथ में पैसे क्यों नहीं दिये?'

मुझे भी प्रीतो से अभी तक शिकायत है कि उसने मेरे नानाजी के आने का इन्तज़ार क्यों नहीं किया? पहले क्यों चला गया मुझ पर उधार लादकर? मैं उसके आमों का दाम नहीं चुका पायी। अभी भी, उसका दो रुपये का उधार मुझ पर बाक़ी है।

आम और मिर्गी

मेरे गाँव में आम के बहुत ऊँचे, घने और पुराने पेड़ थे। लड़के बेखटके उन पर चढ़ जाते, आम की डालियाँ हिलाते और नीचे हम सब उन्हें चुन लिया करते थे। जो आम के पेड़ पर चढ़ता, वह हम सबकी नज़रों में हीरो बन जाता था। प्रायः सब लड़के पेड़ पर चढ़ते, पर बिसेसर विशेष था। फुर्तीला, गठीला, मज़बूत और लचीला। किसी भी पेड़ की फुनगी तक चढ़ जाता, लड़कियों को डराता और ढेर सारे आम ढेर कर देता!

उसे देखकर, हमें डर भी लगता था और मज़ा भी आता था।

कुछ अजीब था उसमें, बहुत अजीब!

थोड़ा पगला–सा था वो। एक दिन वह सिर पर घास का बोझा लिए आ रहा था कि मेरे घर के सामने गली में अचानक गिर पड़ा। उसके हाथ–पैर छितरा गये, आँखें पथरा गयीं और वह नीम बेहोश–सा होकर लम्बी–लम्बी साँसें लेने लगा। उसके मुँह से फेन निकलने लगा। वह अजीब तरह से हाथ–पाँव फेंक रहा था। मैं भागकर उसकी माँ को बुला लायी। वो आकर बिसेसर के हाथ–पैर मलने लगीं और मुँह का फेन पोंछ दिया। क़रीब दस मिनट में बिसेसर उठा, और बोझा उठाकर इस तरह नॉर्मल होकर चल पड़ा जैसे उसे पल–भर पहले कुछ हुआ ही न हो। उसका गिरना जैसे मेरा सपना मात्र हो।

वह हम बच्चों को हमेशा डराता था। अक्सर वो अरहर या मक्के के खेतों में छुपा रहता। जब हम लोग स्कूल से घर आते तो वह खेत से डरावनी आवाज़ें निकालता। हम लोग दौड़कर भाग खड़े होते।

छोटे बच्चे तो रोने ही लगते। कभी वह बिना सीढ़ी के मचान पर चढ़ जाता और हमें भी बुलाता। कभी वह ऊँची आवाज़ में सुग्गे और कौवे भगाने के लिए टीन पीटता और गाता–

हालिन सुगवा हालिन रे
बंगलिन खैलथुन धान रे
को मन को मन–
बीस मन!!
बीसों मन रे बेटवा
लाल पगड़िया फेटवा
बड़की के तेल–पानी
छोटकी के झोंटवा
आव हो गुलगुलिया भैया
देख ले तमाशवा।
हाय्याल होहोहोल
टिक टिक टिक टिक

यह देहाती गीत हम सब चिल्ला–चिल्लाकर, उसके सुर में सुर मिलाकर, गला फाड़कर गाते। (अभी तक इसका पूरा मतलब नहीं पता, पर यह बहुत संगीतमय लगता, नहीं!)

कई बार वह हम लोगों को आम झाड़कर दे देता। उसको देखकर मेरी माँ भी आम के नीचे दौड़ा देतीं–

'जा दो–चार आम अमझोरा के लिए ले आ तो। बिसेसर वहीं है, झाड़ देगा।'

'बिसेसर, बिसेसर मैया ने चार आम मँगाया है।'

'झाड़ देता हूँ।'

वह कभी किसी काम के लिए मनाही नहीं करता। कभी कोताही नहीं करता। औरों से दुगुना काम करता। घास काटने, खेत जोतने, गोबर उठाने और बोझा ढोने में उसका सानी न था। लोग कहते कि उसके अन्दर कोई जिन्न रहता है इसलिए इतना ताक़तवर है। गाँव की जलनडाही औरतें तो यहाँ तक कहतीं कि उसकी माँ ने

मसान साधा है और भूत के साथ संग–प्रसंग हुई है, बिसेसर भूत से पैदा हुआ है। वह कभी नहीं मरेगा।

एक दिन जब छाँव को भी छाँव चाहिए थी, ऐसी चिलचिलाती दुपहरी जिसको देखकर ही बिहारी जी ने लिखा होगा कि–

जगत तपोवन सो कियो दी दाघ निदाघ

उस दिन हम सब गुठरिया आम के नीचे कोलाहल मचा रहे थे और किसी लड़के का इन्तज़ार कर रहे थे कि आम झड़वाया जाये और कच्चा–पक्का खाया जाये, तभी बिसेसर आता हुआ दिखा। हम सब ताली पीटने लगे। पर वह हम बच्चों पर ढेले फेंकने लगा, बरंडोईया से डराने लगा। हम सब सचमुच डर गये और चौरहा आम की तरफ़ दौड़ गये। कुछ बच्चों को उनकी माँओं ने ओबा माई को चढ़ाने (बहुत ख़तरनाक देवी जो नर–बलि लेती हैं) का डर दिखाकर बुलवा लिया। हम भी उनमें से एक थे।

माँ ने मुझे आलू के चिप्स कतरने और साबूदाने के चिप्स पारने का आदेश दिया। मैं चिप्स को सुखाने/पारने जैसे ही छत पर पहुँची तो देखा कि नीचे गली में कोलाहल व रुदन मचा हुआ है। फिर क्या था, हम दौड़कर नीचे गली में पहुँचे। लोग गुठरिया आम की तरफ़ दौड़ रहे थे। मैं भी साथ हो ली।

पेड़ के पास का दृश्य हृदयविदारक और दर्दनाक था। बिसेसर औंधे मुँह पड़ा हुआ था। उसके मुँह से लगभग बाल्टी–भर ख़ून फैलकर आसपास फैला हुआ था। उसकी साँसें चल रही थीं। उसके मुँह से झाग निकल रहा था। वह बहुत असामान्य तरीक़े से साँस ले रहा था और हिल–हिलकर कराह रहा था। हम तो बच्चों के साथ रोने लगे। गाँव के एक बुज़ुर्ग काका ने हम सबको लकड़ी का झटहाँ फेंककर मारते हुए दूर भगाया।

बिसेसर को चार–पाँच लोग टाँगकर घर लाये। उसे आँगन में खटिया पर लिटा दिया गया। उसकी माँ बहुत अच्छी महिला थीं (हम गाँव के किसी नाते से उन्हें भौजी बुलाते थे), उनका रोते–रोते बुरा हाल था। वह बस–'बेटा रे, बेटा रे! ई का हुआ रे,' कहकर रोती जाती थीं।

बिसेसर–'मैया गे, नाँय बचबो गे!'

'बचा ले गे मैया', कहता जाता था।

आनन–फानन में गाड़ी बुलाकर उसे हज़ारीबाग़ अस्पताल ले जाया गया।

मेरी माँ और हम लोग भौजी को कुछ खिलाने–पिलाने की कोशिश करने लगे। भौजी का मन व्यथित और आतंकित था। उन्होंने न कुछ खाया न पानी पिया। वे अन्दर घर जाने को भी तैयार नहीं थीं। बाहर ही बैठकर करुण स्वर में रोती रहीं, पूरा गाँव भी चौकन्ना था।

चार–पाँच घण्टे बीतते–बीतते बिसेसर की लाश आ पहुँची। हज़ारीबाग़ अस्पताल पहुँचने से पहले ही बिसेसर कहीं और पहुँच गया था। बहुत दुखद घटना थी यह। बहुत दिनों तक हम गुठरिया आम के नज़दीक भी जाने से कतराते थे।

सम्भवतः, बिसेसर को आम के पेड़ के ऊपर ही मिरगी का दौरा आया होगा और उसका सन्तुलन गड़बड़ाया होगा और वह गिर पड़ा होगा।

उस दिन की भौजी की स्थिति का वर्णन करने में मेरी क़लम सक्षम नहीं है। उनका हाहाकार, चीत्कार और करुण रुलाई देखकर मेरी दादी कहती थीं–

'पहाड़ का जलना सब देखते हैं पर कोख का जलना कोई नहीं देख सकता, सिर्फ़ माँ ही वह जलन महसूस कर सकती है, सह सकती है, क्योंकि वह जननी है।'

चोरी का आम

दसवीं पास करने के बाद हमारा नामांकन हज़ारीबाग़ में हो गया था। रहने की व्यवस्था हज़ारीबाग़ के एकमात्र वीमेंस हॉस्टल–मन्दाकिनी में हुई थी। अगले पाँच वर्षों तक वहीं हम दोनों बहन निवास करते थे।

जैसा कि हर हॉस्टल में होता है–खाने–पीने की समस्या हमारे हॉस्टल में भी थी। हॉस्टल के मालिक बंगाली थे। उनको हम सब अंकल बुलाते थे। उनकी पत्नी गीताश्री बनर्जी हॉस्टल की वॉर्डन और राजनीतिशास्त्र की प्रोफ़ेसर थीं।

हॉस्टल के कैम्पस में आगे अमरूद और पीछे की तरफ़ आम लगे थे। हॉस्टल की चारदीवारी होलीक्रॉस के कैम्पस से लगती थी। हम अक्सर नये फादर और ब्रदर्स को बैडमिंटन और टेनिस खेलते देखते थे। कई सीनियर लड़कियाँ उन पर डोरे भी डालती थीं। आम की एक डाली होलीक्रॉस की तरफ़ झुकी हुई थी पर पता नहीं क्यों फादर लोग उसको तोड़ते नहीं थे।

हमारी निगाह में वह डाली बहुत दिनों से गड़ी थी। हम आहें भरकर गाने गाते थे–

तू पसन्द है किसी और की,
तुझे चाहता कोई और है।
तू नज़र में है किसी और की,
तुझे खाता कोई और है।।

हम दो–तीन पतली लड़कियों ने उस डाली से आम तोड़ने–चुराने की योजना बनायी।

शाम का समय था। थोड़ी देर पहले थोड़ी–बहुत बूँदाबाँदी हुई थी। ज़मीन से सोंधी सुगन्ध आ रही थी। दूर कहीं मेहँदी फूल रही थी। मौसम सुहाना था। पर बारिश होने के कारण आज होलीक्रॉस कैम्पस में खेल नहीं जमा था। अभी धुँधलका नहीं हुआ था। अंकल और आंटी नौकर जितेन के साथ बाहर शायद सब्ज़ियाँ ख़रीदने गये थे। पण्डितजी (रसोइया) को सुनाई नहीं पड़ता था और शाम को दिखाई भी कम देता था। निर्मला दी, जो उनकी असिस्टेंट थीं, दम्मे से साँय–साँय कर रही थीं।

आम चुराने का इससे शुभ मुहूर्त क्या हो सकता था।

मैं आम पर चढ़ गयी। एक डण्डे से आम को तोड़ना शुरू किया। दूसरी लड़कियों ने नीचे से आम समेटना शुरू किया। बाल्टी, डलिया, थाली, मग जो भी बर्तन या थैला मिला सबने जी भरकर आम बटोरे। इतनी आवाज़ें सुनकर तुलसी बनर्जी (गाय) रँभाने लगी। उसे सुनकर ग्वाला दौड़ा आ पहुँचा (शाम को गाय दुही जाती थी), उसने हम सबको देख लिया। ज़ोर–ज़ोर से चिल्लाने लगा। उसकी आवाज़ सुनकर होलीक्रॉस भी जमा हो गया। फ़ादर लोग हमें हिक़ारत से देख रहे थे। इधर सब लड़कियाँ भाग गयीं और मैं पेड़ पर ही अटकी रह गयी। अंकल आंटी भी आ गये। समझ में नहीं आ रहा था कि क्या करूँ?

तभी आंटी ने कहा कि अंजू तो फर्स्ट ईयर की है इसको ज़रूर सीनियर लड़कियों ने भड़काया होगा तभी आम पर चढ़ी। यह तो बहुत सीधी लड़की है। आओ तुम उतर जाओ। ऑफ़िस में कल हमें सबका नाम बता देना, हम उन सबके बाबूजी को चिट्ठी लिखेगा।

दूसरे दिन मुझे ज़ोरों का बुख़ार आ गया। बहुत क़बूलाने पर भी मैंने किसी का नाम नहीं बतलाया। आंटी को भी बुख़ार होने से शायद मुझ पर दया आ गयी। मेरा पहला गुनाह माफ़ कर दिया गया।

आमों का क्या हुआ? होना क्या था, हमने उन्हें गुहाल की तरफ़ भूसे में गोर दिया और चुपके–चुपके ख़ूब खाया। उन चुराये हुए आमों की मिठास के क्या कहने!

आम और यूपीएससी का इंटरव्यू

आप सोचते होंगे कि आम और यूपीएससी के इंटरव्यू का क्या रिश्ता है। है, बहुत गहरा रिश्ता है–मेरे यूपीएससी में इंटरव्यू और आम का। थोड़ा धैर्य रखें, अभी बताती हूँ।

यूपीएससी का इंटरव्यू मई–जून के महीने में होता है। उन दिनों शाहजहाँ रोड पर ठेले पर जूस, लेमनेड, पानी, बर्फ़ का कोला–गोला और कटे आम ख़ूब बिकते हैं। परीक्षार्थी और उनके अभिभावक गर्मी से बेहाल जूस–पानी और गोले चूसते हैं। इन्तज़ार के कठिन पलों को कोका–कोला की चुस्कियों के साथ काटते हैं। यह मेरा दूसरा इंटरव्यू था। मैं आईएएस में सिलेक्ट हो चुकी थी तथा राँची में ऑन जॉब ट्रेनिंग पर थी। इस बार इंटरव्यू के लिए वो प्रथम बार वाला एक्साइटमेंट नहीं था। मैं अपेक्षाकृत शान्त थी। बाहर ही हमें सरिता मिल गयी। वह भी इंटरव्यू देने आयी थी। हम दोनों ने मालदा आम खाये और इंटरव्यू देने अन्दर चली गयीं।

अन्दर रिसेप्शन पर पता चला कि मुझे असम कैडर के श्री देववर्मन सर का बोर्ड मिला है। वे पहली बार बोर्ड में थे, इसलिए उनके बारे में कुछ ज़्यादा पता नहीं था। मेरा पिछले वर्ष के इंटरव्यू का बेहद निराशाजनक अनुभव रहा था, सो इस बार भी मैंने अपने भीतर एक ठण्डापन महसूस किया। पूरी प्रकिया के प्रति बोरियत–सी हो रही थी। फिर हमें यूपीएससी लाइब्रेरी जिसे वेटिंग रूम में बदल दिया गया था, ले जाया गया। वहाँ छह–छह के समूह में गोल मेज़ों के चारों ओर परीक्षार्थियों को बिठाया गया था। मेरे साथ सभी लड़के थे।

सब अत्यन्त उत्साहित थे। आपस में सम्भावित प्रश्नों पर अभी भी चर्चा कर रहे थे। तभी यूपीएससी के एक अधिकारी ने आकर हमारे प्रमाण–पत्रों का मूल से मिलान किया और एक–एक प्रतिलिपि पर हमारे हस्ताक्षर कराकर ले गये।

साक्षात्कार के क्रम में मेरा नम्बर आख़िरी था। एक–एक कर लोग कक्ष से निकलते जाते थे। दुपहरी गहरा रही थी। मैंने खिड़की से बाहर देखा। एक मैना इधर से उधर फुदक रही थी। हाय, ये क्या हुआ? एक मैना...? मुझे छात्रों में प्रचलित वो कहावत याद आयी–

वन फोर सारो, टू फोर जॉय...
थ्री फोर लेटर फोर फॉर टॉय

मैंने जल्दी–जल्दी चारों तरफ़ नज़र दौड़ायी। हे शंकर भगवान, दूसरी मैना भेज दो, जोड़ी बना दो। मुझे आभास हो रहा था कि यह तो भयंकर अपशकुन है। मेरा इंटरव्यू पक्के से ख़राब होगा। मैं जो अब तक आत्मविश्वास से भरपूर, शान्त और ख़ुश थी, बेतरह नर्वस हो गयी। मेरी हथेलियाँ पसीज आयीं। गले में जैसे कैक्टस उग आये हों। मैं प्रकृतिस्थ होने की कोशिश कर रही थी कि साक्षात्कार का बुलावा आ गया। मैंने एक बार फिर बाहर उड़ती नज़र से दूसरी मैना को खोजना चाहा, पर वही एक मैना चहचहा रही थी, मानो मुझे चिढ़ा रही हो।

ख़ैर, मैंने इंटरव्यू के कमरे का दरवाज़ा ठकठकाया। जैसा कि पूर्व अभ्यस्त था, मैंने मैकेनिकल आवाज़ में पूछा–

'मे आई कम इन सर?'

'यस, प्लीज़।'

कमरे में खड़े होकर मैंने फिर से वैसे ही बनावटी मुस्कान से सबका अभिवादन किया–

'गुड मॉर्निंग मैम, गुड मॉर्निंग सर।'

'गुड मॉर्निंग, अंजू, प्लीज़ सिट डाउन।'

'वुड यू लाइक सम मैंगोज़।'

'सर, आई लाइक मैंगोज।' (अंग्रेज़ी का ज्ञान बेहद कम था, मुझे उस समय)

'देन हैव सम!'

'सर, आई नॉट!'

'व्हाई?'

'सर, मॉक इंटरव्यू टोल्ड मी नॉट टू ईट ऑर ड्रिंक एनीथिंग हेयर।'

'व्हाई'?

'बिकॉज इट्स नॉट गुड!'

'ओह, दीज़ मैंगोज़ आर गुड, बिलीव मी, हैव देम।'

'सर, एक्चुअली, आई एम नॉट एबल टू एक्स्प्लेन, हम अगर यहाँ कुछ खायेंगे या पानी पियेंगे तो अच्छा नहीं माना जायेगा। हमें कम नम्बर दिये जायेंगे और...'

(मैं सब सिखा–पढ़ा भूलकर हिन्दी पर उतर आयी। मुझे लग रहा था कि शायद यह अलाउड नहीं है, पर बूढ़ा कौवा कब तक पोस मानता, कब तक हम आर्टिफ़िशियल अंग्रेज़ी बोलते? शायद मेरा सिलेक्शन भी न हो, पर मैं आम क्यों नहीं खा सकती–यह व्याख्या करना आवश्यक हो गया था। हिन्दी बोलते ही गहन राहत महसूस हुई)

'क्यों?'

'ऐसा कोचिंग में बताया जाता है?'

'अच्छा! हमें तो पता ही नहीं था!'

(वे मेरी टाँग खींच रहे थे, पक्का)

'अच्छा, आम का बॉटनिकल नाम बताओ तो?'

(यह हमारा पसन्दीदा टॉपिक था)

'सर, माँगिफेरा इंडिका।'

'चूँकि, तुम्हारा हिन्दी साहित्य रहा है, इसलिए, आम के कुछ पर्यायवाची शब्द बताओ?'

'आम, अंब, रसाल, आम्र।'

'गुड!'

अब तक मेरा डर ख़त्म हो गया था । बाक़ी के प्रश्न मेरे मनोनुकूल थे, उन पर ख़ासी चर्चा हुई। देववर्मन सर बहुत अच्छे थे। बहुत सहज तरीक़े से मेरा इंटरव्यू हुआ। आम की वजह से मुझे बहुत अच्छे नम्बर मिले और मेरा सिलेक्शन भारतीय विदेश सेवा (आईएफएस) में हो गया।

आम, सपना और यूपीएससी

कहते हैं कि पके आम का सपना देखना शुभ फलदायी होता है। जब मेरा यूपीएससी का रिजल्ट निकलने वाला था तो मैंने सुबह–सुबह सपना देखा कि हाड़ाही पर के सारे पेड़ों में आम पक गये हैं और मैं उन्हें तोड़–तोड़कर टोकरी में भर रही हूँ। चारों तरफ़ आम की मनोहर सुगन्ध फैली हुई है। मेरे भाई–बहन ख़ुशी से चारों ओर दौड़–भाग रहे हैं। मैं एक पका हुआ आम लेकर खाना ही चाहती हूँ कि मेरी बहन मंजू अख़बार में रिजल्ट की कॉपी लेकर चिल्लाती हुई मुझे झकझोरकर जगाती है–'दीदी, तुम्हारा नाम लिस्ट में है, तुम्हारा सिलेक्शन हो गया।' वह बिस्तर पर ही नाचना शुरू कर देती है।

मैं कुछ सुनना नहीं चाहती। जड़ व चेतनावस्था के बीच में समाधिस्थ हूँ, प्रकृतिस्थ हूँ। आम का मीठा स्वाद मेरे तन–मन पर छा रहा है। मैं आम के मद में मदहोश होना चाहती हूँ। अनेक अनाम भावों से मन उमड़ रहा है। वो संघर्ष भरे दिन, अभावग्रस्त ज़िन्दगी, दर–दर भटकना, रातों को जागना, दिनभर की भागदौड़, नोट्स, कॉपीज़, कोचिंग, अवमानना, साक्षात्कार की तैयारी, सब बीते दिनों की परछाइयों से लगते हैं। अभी तो मंगल वेला है। एक असीम प्रशान्ति मुझे लपेट लेती है। आँखों में आँसू आ जाते हैं। गला उमड़ रहा है।

मेरे भाई–बहन अब नीचे भांगड़ा कर रहे हैं। 'ओये–ओये' की आवाज़ें और तालियों की ताल पर सबके थिरकने की आवाज़ें आ रही हैं। मुझे भी ख़ुश होना चाहिए। पर उतनी ख़ुशी नहीं हो रही है, जितनी इस क्षण के लिए सँजोयी थी। बस शान्ति–सी लग रही है।

तो यह होता है यूपीएससी में सिलेक्ट हो जाना! औरों से थोड़ा ऊपर उठ जाने का भाव, थोड़े–से विशिष्टता बोध का जागना। अपने अस्तित्व को साबित कर सकना। अपने सपनों को दिशा देना और एक लम्बी दौड़ और ऊँची उड़ान के लिए तैयार पाना, ख़ुद से ख़ुद को खोज निकालना।

तभी बगल वाली आंटी, यानी अनीता की मम्मी (इनके भी आम हम चुराया करते थे) एक डलिया आम लेकर कमरे में घुसती हैं और मुझे गले से लगाते हुए कहती हैं–'अंजू, लो मेरे बगीचे के आम से मुँह मीठा करो। अब मैं गर्व से कहूँगी कि तुम मेरे घर के पेड़ के आम चुराया करती थीं, उठो बिटिया देर मत करो।' मैं देखती हूँ कि पीछे शरमाया–सा मनीष खड़ा है, जिसका हाल में ही आईआईटी में सिलेक्शन हुआ है। पहले आंटी मनीष को मेरे आसपास देखते ही चिल्लाने लगती थीं–'चुड़ैल ने बान मारा है मनीषवा पर, शादी–वादी हो नहीं रहा है तो समय काटने के लिए कॉम्पटीशन की तैयारी कर रही है। मुँह देखो, चुचके आम की तरह झुर्रियाँ पड़ गयी हैं। हुँह! ये मुँह और मसूर की दाल! बड़े–बड़े पढ़वैया दिल्ली, इलाहाबाद में दस–दस सालों से तैयारी कर रहे हैं, उनका चुना जाना ही निश्चित नहीं है तो इन कल्लो परी का तो अगले जनम में होगा यूपीएससी में'

और भी न जाने क्या अंट–शंट कहती थीं आंटी। मुहल्ले की गॉसिप क्वीन थीं। कोई मुझे नोट्स पहुँचाने आता तो उसे मेरा प्रेमी सिद्ध कर देतीं। कोई अगर चाय पी लेता और आधा घण्टा भी रुक जाता तो खिड़की से ताक–झाँक कर मुझे चरित्रहीन बना डालतीं। बगल वाले अंकल ने उन्हीं के कहने से अपने घर आना, एसटीडी फ़ोन सुनना और अपनी बेटियों से बात करना बहुत ही अपमानजनक तरीक़े से मना करा दिया था कि वे लड़कियाँ भी मेरी तरह चरित्रहीन न हो जायें।

वही आंटी आज लाड़ लुटा रही थीं! टोकरी में आम लेकर मुझे बधाई देने आयी थीं। मैं चाहकर भी बहुत ख़ुश नहीं हो पाती हूँ और फीकी मुस्कान से उनका स्वागत करती हूँ।

'आइए, बैठिए आंटी।'

उनका ध्यान मेरे अनमनेपन पर जाता है–

'अरे, तुम ख़ुश क्यों नहीं हो? आईएएस में नहीं आयीं इसलिए? बन्नो, सब कुक्कुर काशी ही जायेंगे तो पत्तल कौन चाटेगा? मैं समझ सकती हूँ, आईएएस के अलावा बाक़ी सर्विस में कोई आन–बान–शान नहीं है। ऊपरी आमदनी भी नहीं है। ख़ैर, किसी भी सर्विस में तो आ ही गयीं, तुम जैसी लड़कियों को और क्या चाहिए, कहीं न कहीं, कुछ तो ज़रूर दिया–दिलाया होगा तुम लोगों ने?' मैं चुप रहती हूँ, सफलता का जो मधुमय अहसास अब तक था, उसमें क्यों कड़वाहट भर रही हैं, आंटी?

आंटी को शायद मुझ पर तरस आता है। वे चुप हो जाती हैं, मुझे और हीन नहीं महसूस करातीं।

अचानक, मुझे तेज़ माइग्रेन–सा आभास होता है। मैं बेड की दराज से दो डिस्पिरिन निकालकर खाने के लिए पानी में घोलती हूँ।

आंटी डलिया से आम ऊझलकर रख देती हैं और उठ खड़ी होती हैं। अब बाहर जाकर उन्हें ज़रूर यह पता करना होगा कि घूस–ऊस देकर तो सिलेक्शन नहीं हुआ?

मैं निढाल होकर बेड पर गिर जाती हूँ। सब नकारात्मक विचारों को दरकिनार करके सोचती हूँ कि आज कौन–सा ड्रेस पहना जाये और भाई–बहनों, सहेलियों और मित्रों को लेकर कहाँ पार्टी की जाये?

तभी आंटी द्वारा लाये आमों पर नज़र पड़ती है। पीले, गदराये पके आम जैसे सपने में दिखे थे–हू–ब–हू वैसे ही।

फिर ख़याल आता है–काश! मैं सपने में वह आम खा पाती, तो आईएएस वाला रैंक आ जाता। तब मेरा सिलेक्शन आईएएएस यानी इंडियन ऑडिट एंड अकाउंट सर्विस (भारतीय लेखा एवं लेखा सेवा) में हुआ था!!

दादी सीरीज़

हाँ, दादी ने भी प्यार किया!

मेरी दादी बहुत सुन्दर थीं। सोने–सा झलमलाता गोरा रंग, चमकते दाँत, घने काले बाल (जो मृत्यु तक भी काले थे), बढ़िया छरहरी काया व मृदु आवाज़। मुझे बहुत प्यार करती थीं दादी। मैं उनकी हमराज़, शिष्या, बेटी, पोती सब कुछ थी। गंगा बुआ (उनकी सौतेली बेटी) के मरने के लगभग पन्द्रह साल बाद मेरा जन्म हुआ था, और वो मानती थीं कि मेरे रूप में गंगा बुआ का पुनर्जन्म हुआ है। बस मेरे साँवले रंग का उन्हें बेहद मलाल था क्योंकि वह गंगा बुआ से नहीं मिलता था, वे अक्सर कहतीं–पता नहीं यह दबा रंग तूने कहाँ से पाया, ज़रूर तू नानीघर से लायी होगी (नानी मेरी साँवली पर सुन्दर थीं।)!

दादी अक्सर गुणी–ओझा लोगों को बुलवाकर मेरा हाथ दिखलाकर एक ही सवाल पूछतीं–महाराज! इसका ब्याह कब होगा?

मेरी शादी की उन्हें बेहद चिन्ता थी। बाबूजी को कोंचती रहतीं– 'बाप रे बाप कैसे नींद आता है बाबू तुम्हें? इन सबको एक–एक कर पार लगाओ, नहीं तो देर हो जायेगी।'

एक दिन हम छत पर बैठे थे। दादी को हमने पूछा कि क्या दादाजी से भी पहले कोई रिश्ता उनके लिए आया था? अगर, हाँ, तो न करने की क्या वजह थी?

दादी मानो कहानी सुनाने को तैयार बैठी थीं।

वह बोलीं–'हाँ बहुत रिश्ते आये थे, पर वे इसलिए नहीं किये गये क्योंकि मेरे बप्पा ने मेरी माँ को यह वादा किया था कि बहुत अमीर घर जिसका कम–से–कम बीस माचा (पुवाल रखने की माँड़ी) होगा, वहीं बियाहेंगे।'

'पर कोई तो होगा जिसके बारे में सुनकर तुमने सोचा होगा कि वहाँ शादी हो जाती तो अच्छा रहता?'

'हाँ! था तो, पर तुम्हें क्यों बताऊँ, तुम्हारे पेट में कुछ पचता है? चट से जाकर माँ–चाचियों को उगल दोगी!'

'किसी को नहीं कहूँगी दादी, तुम्हारी क़सम, तुम निसाख़ातिर रहो, बताओ न दादी!'

और एक शर्त है–'तुम काग़ज़–क़लम लेकर लिखोगी नहीं।'

'बिल्कुल नहीं, मंजूर!'

'ठीक है!'

फिर दादी ने अपनी यह प्रेम कहानी सुनाई–

'उन दिनों भारत के नौजवान फूटगोल (फुटबॉल) के दीवाने थे। उनका मायका हज़ारीबाग़ के नज़दीक था। उनके बड़े दो भाई भी हज़ारीबाग़ के ज़िला स्कूल में लूक़स कप में खेलते थे। एक दिन बड़दा अपने एक सहपाठी को लेकर आये। लम्बा, गोरा, लजालू और पढ़ाई में बेहद तेज़। एक ही बार में पास की पढ़ाई पूरी कर ली थी उसने। वह भी लूक़स कप में खेलने वाला था। रात–भर बड़दा और वह लड़का कुछ–कुछ खुसुर–फुसुर करते रहे। कांग्रिस के शासन की ख़ूबियाँ, ख़ामियाँ, कलेक्टर साहेब की बदमिज़ाजी और जेल का जीवन, स्वामी विवेकानन्द और न जाने क्या–क्या।'

सुबह जब दादी सोकर उठीं तो देखा कि वह लड़का बड़दा के साथ मुगदर भाँज रहा है! तो हज़रत ये शौक़ भी रखते हैं!

एक सहज आकर्षण था उस युवक में। दादी बरबस खिंची चली जाती थीं उसकी ओर। छुपकर उसे देखतीं। उसे मुस्कुराते हुए, बात करते हुए, बहस करते हुए लाल मुँह से (एक्साइटेड होकर), तब वे मन्त्रमुग्ध होकर उसे देखती ही रह जातीं। उसे खाना परोसते समय जानबूझकर अपनी भौजी के आगे–पीछे मँडराती रहतीं। कभी नमक–मिर्च तो कभी अचार–पापड़ दौड़–दौड़ कर लातीं। उनकी चपर–चपर बन्द हो गयी थी। अब वे चुप कहीं सपनों में खोयी रहतीं, क्रोशिया सीखतीं, सिलाई–कढ़ाई करतीं।

रातों–रात उन्होंने तकिया के खोल पर स्वप्नलोक की परी काढ़ दिया था जिसे बड़दा और वो लड़का लगाकर सोते थे।

वह भी दादी के प्रति कुछ–कुछ आकर्षित ज़रूर होंगे तभी उन्होंने दादी और उनकी चचेरी बहनों को भी ज़िला स्कूल में होने वाले मैच में आने के लिए राज़ी कर लिया। दादी के पिताजी दादी और उनकी दो और बहनों और उनकी बड़की माय को लेकर हज़ारीबाग़ ज़िला स्कूल के मैदान में पहुँचे। बड़दा और उस लड़के ने कपड़े बदले और दादी को निगरानी करने को कहकर खेलने चले गये। दादी उसके कपड़ों को गोद में लेकर बैठ गयीं। उस लड़के की गन्ध में मानो खो गयीं। यह पहली बार था कि घर के मर्दों के अलावा किसी दूसरे के कपड़ों को वे सहेजे बैठी थीं।

खेल शुरू हुआ। सारे ग्रामीण ज़मीन पर बैठे थे। खिलाड़ियों के परिवारों को आगे जगह देकर प्राथमिकता दी गयी थी। वैसे भी दादी का परिवार सुबह ही पहुँच गया था। हज़ारीबाग़ था ही कितनी दूर। मुश्किल से दस किलोमीटर!

खेल के दौरान दादी की आँखें बस 'उस पर' ही जमी थीं। उनको खेल क्या ख़ाक समझ में आता था! किसी तरफ़ भी गोल होता, दादी गोल–गोल चिल्लाती थीं।

खेल में हज़ारीबाग़ ज़िला स्कूल जीता। वापसी में सब साथ ही लौटे।

उसी रात को उसके बाबा ने दादी के पिताजी से उन दोनों के गठबन्धन की बात की।

दादी के मन में विवाह के सैकड़ों गीत उभरने लगे।

बाबा, सिकड़ी गढ़ा दो झिलमिल बाग़ में,
कन्हैया संग खेलब कजरी।
किया तू उनकर खैलहू जी बाबा,
किया कैलहूँ सिंगार
हमरो ऐसन धिया हरलू जी बाबा,
आगी लागों बुधिया तोहार।

उन दिनों लड़की देखने का रिवाज नहीं था। फिर दादी को ख़ुद लड़के ने ही देख लिया था। वह अपनी सुन्दरता और गुणों के लिए विख्यात थीं।

उस समय भारत में स्वतन्त्रता आन्दोलन अपने अन्तिम दौर में था। आम जनता भी अंग्रेज़ों के राज्य को उखाड़ फेंकना चाहती थी। उन्नीस सौ बयालीस के भारत छोड़ो आन्दोलन में स्कूल बन्द कर दिये गये। स्कूली बच्चों से हज़ारीबाग़ जेल ठसाठस भर दिया गया। लोगों के आने–जाने पर पाबन्दी लगा दी गयी। सारे नेता गिरफ़्तार कर लिए गये। हज़ारी प्रसाद द्विवेदी, विनोबा भावे और अन्य नेता हज़ारीबाग़ की जेल में बन्द थे। दादी के बड़दा भूमिगत होकर आन्दोलन में सक्रिय थे।

ऐसे माहौल में उस लड़के के यहाँ से रिश्ता तोड़ने का दुखद सन्देश आया। उन्होंने बड़दा पर आक्षेप लगाया था कि उन्होंने ही उनके सीधे–सादे लड़के को भड़काया है और अंग्रेज़ बहादुर से दुश्मनी मोल ली है।

दादी के पिताजी के लिए उनकी पगड़ी का सवाल हो गया था। आनन–फानन में दादाजी का रिश्ता आया और उनकी शादी दादाजी से हो गयी!

दादी अचानक चुप हो गयीं।

बहुत देर बाद मैंने पूछा–

'ओह, उस लड़के का क्या हुआ दादी?'

'पता नहीं, मैंने अपनी चचेरी बहन से सुना कि जेल से निकलकर अपने माई–बाबू से ख़ूब लड़ा। बहुत दिन तक इधर–उधर उसके परिवारवाले लड़की ढूँढ़ते रहे। पर उसने किसी से शादी नहीं की। बाद में सुना कि वह संन्यासी हो गया'।

'अभी क्या ज़िन्दा हैं, कहाँ हैं? तुम जानती हो?'

'तुम उनसे मिल चुकी हो, याद आया बदरी विशाल में बैठा वह जटाजूट वाला साधु? वही हैं वो।'

'ख़बरदार, यह बात किसी को बतायी तो, जान ले लूँगी तुम्हारी।'

'ओके दादी, तुम्हारे मरने के बाद भी...?'

'नहीं, मेरे मरने के बाद तुम मेरी कहानी लिखना। यह सब भी लिखना कि दादियाँ भी प्रेम कर सकती हैं। पर हमारा ज़माना बेहयाई का नहीं था। माँ–बाप की इज़्ज़त पर हम सब कुछ वार सकते थे, यह कच्ची उम्र का प्यार क्या चीज़ थी।'

'उस लड़के के लिए दुःख नहीं हुआ?'

'हुआ रे बहुत दुःख हुआ। कितनी मुश्किल से पता चला कि वे बदरीनाथ में हैं। मरने से पहले एक बार उन्हें देखना चाहती थी। कुछ पूछना नहीं चाहती थी क्योंकि पता था मुझे कि उस ज़माने में लड़के भी उतने ही माँ–बाप के अधीन और ग़ुलाम थे जितने कि लड़कियाँ, सो उनके वश में कुछ नहीं था।'

'मिलने पर तुमने बात की, उनसे? उन्होंने तुम्हें पहचाना?'

'पहचानते कैसे नहीं, हाँ, बात नहीं की। उस दिन उनका मौन व्रत था, बस आशीर्वाद दिया। देखती नहीं, यह रुद्राक्ष की माला, उन्होंने ही दी।'

'आँय दादी, तुमने इसीलिए उसे मंगल–सूत्र की तरह गले में बाँध रखा है? बेचारे दादाजी!'

'दादाजी की पोती, अभी ख़बर लेती हूँ तुम्हारी! इसीलिए कहती थी कि तुझे कुछ नहीं बताऊँगी।'

मैं हँसती हुई दादी की पकड़ से दूर चली गयी।

दादी और उनकी गोतनी

यह नहीं था कि दादी और उनकी गोतनियों में बहिनापा नहीं था, चारों आपस में बहुत जुड़ी हुई भी थीं। अपनी सासों का बहुत मज़ाक़ बनाती थीं। उस समय उनकी एकता देखते ही बनती। यह वाक़या बताते समय मेरी दादी का चेहरा उद्‌भासित हो जाता था, बड़की ममा (उनकी बड़की गोतनी) तो हँसते–हँसते खटिया से गिर जाती थीं।

हुआ यूँ था कि एक बार, दादी की बड़की सास (चचेरी सास) ने कोई आविष्कार करने की ठानी। भण्डार घर में पड़े–पड़े आलुओं में क़रीब 2–3 इंच का टेंभा (अंकुर) हो गया था (उन दिनों कोल्ड स्टोरेज की सुविधा नहीं थी, न)। तो, जब वे तरकारी बनाने के लिए आलू लेने गयीं तो उनके दिमाग़ में थॉमस अल्वा एडिसन का बल्ब जला!

अचानक यह ख़याल आया कि क्यों न इन अंकुरों की सब्ज़ी बनाकर सबको चमत्कृत किया जाये। उन्होंने टेंभा (अंकुर) तोड़कर इकट्ठा किये। मसाले पीसे। गरम मसाले में जावित्री, जायफल, दालचीनी, काली मिर्च और शहजीरा मिलाकर पीसा।

फिर वह अनूठी सब्ज़ी पकायी। जब मालिक खाने के लिए आये तो सब खाना परोसकर आलू के अंकुर की सब्ज़ी उन्होंने अन्त में इठलाते हुए रखी और सबसे पहले उसे चखने की सलाह दी। वे दूर से पंखा झलने लगीं। वे अपनी तारीफ़ आप कर रही थीं कि कितनी मेहनत और तरक़ीब से यह नयी सब्ज़ी उन्हें सूझी, पहली बार उन्होंने बनायी है। अगर यह सब्ज़ी हिट हो गयी तो आलू का टेंभा (अंकुर) बर्बाद नहीं होगा। और नहीं तो कम–से–कम दस किलो टेंभा

निकलेगा। अभी वे कुछ और बोलतीं कि सहसा मालिक ने उनके हाथ से पंखा लेकर उन्हें धमाधम पीटना शुरू किया। आँय, क्यों? ऐ मैया गे! बप्पा हो करती हुई वह बाहर भागीं। मालिक तो थाली में पानी डालकर हनहनाते हुए बाहर चले गये।

बाद में बड़की माय ने जब वो आलू के टेंभे की सब्ज़ी चखी तो थू–थू करती नाली पर भागीं। सब्ज़ी नीम से भी कड़वी थी।

आप ट्राई करना चाहेंगे?

बड़की माय की आलू–टेंभा की रेसिपी :

एक पाव टेंभा को ठीक से धोकर एक चम्मच सरसों के तेल में पंचफोरन का छौंक देने के बाद पाँच मिनट भूनें। फिर स्वादानुसार नमक, आधा चम्मच हल्दी और ऊपर लिखे हुए सारे गरम मसाले मिलाकर दस मिनट और भूनें। फिर आँच को धीमी करें। (ध्यान रहे यह सब्ज़ी लकड़ी के चूल्हे पर ही बनायी जानी है।) ढाँककर दो मिनट पकायें। आपकी बेहद कड़वी आलू–टेंभा की सब्ज़ी तैयार हो चुकी है।

गर्मागर्म चावल या रोटी के साथ दूर से सर्व करें ताकि मार खाने से बच सकें।

गुहिला चोर

मेरी दादी बताती थीं कि तीस और चालीस के दशक में गुहिला चोर का मेरे गाँव में बड़ा आतंक था। गुहिला बहुत चिरकुट चोर था। वह भी आख़िर ग़रीब ही था। वह थाली–लोटा, बर्तन, कपड़े, लकड़ी, किवाड़, खिड़की, अनाज, लतर की और खेत में लगी सब्ज़ी, दूध कुछ भी चुरा लेता था।

एक बार चाँदनी रात में दादी और बड़की म़मा बाड़ी में निवृत्त होने के लिए निकली थीं कि देखा गुहिला और उसके दो साथी धपर–धपर करते जा रहे हैं।

'ए दीदी, लगता है, गुहिला कहीं से चोरी करके जा रहा है, ज़रा ग़ौर से देखिए तो सही?

'हाँ रे सँझली वही है, लगता है, पीछे पिट्ठू बाँधकर सामान ले जा रहा है ।'

'दीदी जल्दी घर, चलिए मुझे डर लग रहा है!'

'हाँ, चलो। पर हमारे यहाँ उसने कभी टेढ़ी नज़र नहीं डाली है, चुरामन बबुआ (दादाजी) से बहुत डरता है।'

(दादाजी चौकीदार थे, और लोगों में उनकी धाक थी)

दोनों वापस घर आयीं और अपने–अपने पति के साथ सो गयीं।

सुबह–सुबह छोटकी ममा (छोटकी देवरानी) के हल्ले से उनकी नींद खुली।

अरे दौड़ो रे, सब बर्तन चोरी हो गया रे देव। गुहिला ने गुहिलनामा दिखा दिया था। दादाजी ने मोगली (दोनों हाथ और पैर एक साथ रस्सी में बाँधकर लटकाना) बँधवाकर गुहिला को मँगवाया।

'गुहिला, तुमने ही हमारे बर्तन चुराये हैं न? इतनी हिम्मत हो गयी तुम्हारी? सच–सच बताओ!'

'दादा, हम तो सिर्फ़ एक लोटा आउर थाली चाहत रही माकिन मलकाइन लोग सब थाली जमा करके रख दिहलस तो छोड़ल न गेल। हम लौटा देब, आई माई मत मारा हमका के!'

इस प्रकार उसने दो सेट रखकर बाक़ी बर्तन लौटा दिये थे।

वह अपनी इच्छा प्यार से पहले ही बता जाता था। अगर लोग समझकर उसे उसकी इच्छित वस्तु दे देते, तो वह चोरी नहीं करता था। जैसे, एक बार गुहिला आकर दादाजी से बोला–'आपके यहाँ का रोहू लाजवाब होता है, थोड़ा मलकाइन से बनवाकर दे देते दादा! मेरी महरिया पेट से है।'

दादाजी ने उसी दिन रोहू मछली तालाब से मँगवाकर दादी से बनवाकर उसको दी। एक दूसरे परिवार ने नहीं दी तो उसके तालाब की मछली रात में ही साफ़ कर दी।

गुहिला, गब्बर जैसा डरावना तो नहीं, पर हँसोड़ था। वह अहिंसा पसन्द भी था। उसके पास सिर्फ़ एक लाठी रहती थी–वो भी सिर्फ़ इसलिए कि कबीर ने कहा था कि–

लाठी में गुण बहुत है, सदा रखिये संग
गहरो नद–नारो जहाँ, वा बचाये अंग
वहाँ बचाये अंग, झपटी कुत्ते को मारे
लाठी को देखकर भूत भी पास ना आवे।।

वह बहुत तरक़ीब से केवल अपनी इच्छित वस्तु उड़ाता। इसका मतलब वह फोकस्ड था। उदाहरण के लिए यह घटना देखें–

एक बार गुहिला की पत्नी ने एक बढ़िया पाट साड़ी पहनने की माँग की। गुहिला ग़रीब था और नीची जात से भी था (शायद दलित था)। उस पर गुनाह यह कि अपनी पत्नी को बहुत प्यार करता था। पत्नी के मुँह से निकली हर बात पूरी करना उसका चरम उद्देश्य था। मगर यह पाट साड़ी!

कम–से–कम एक महीना एक साड़ी को बनाने में लगता है। पाट उस क्षेत्र में सुहागिन साड़ी के नाम से भी मशहूर थी।

लड़की को विवाह के मौक़े पर एक पाट साड़ी मायके से मिलती थी। ये साड़ियाँ बहुत मज़बूत और भारी होती थीं। इनके दाम का निर्धारण इनके वज़न के आधार पर किया जाता था। पारिवारिक सम्पन्नता भी इससे मापी जाती थी।

अगर, कोई अमीर है तो अपनी बेटी को सोने–चाँदी के असली तारों से जड़ी पाट साड़ी देगा। ऐसी साड़ियाँ पाँच किलो तक भी भारी हो सकती थीं। इन साड़ियों को अत्यन्त महत्त्वपूर्ण मौक़े जैसे शादी–ब्याह, पूजा आदि में ही पहना जाता था।

सो गुहिला की कनिया इतना जब सिहर रही है तो गुहिला ज़रूर कोई–न–कोई बन्दोबस्त करेगा। वह भी अपनी पत्नी को पाट साड़ी पहनायेगा और चौधरी के जैसा दोनों गाल चूमकर, अपने बदन से सटाकर प्यार करेगा।

दूसरे दिन गुहिला चौधरी की हवेली में हाज़िर था–

'मालिक, मीता मुझे एक पाट का साड़ी चाहिए मानकी की मैया के लिए!'

'चल दूर हट, तुम्हारी बीवी पहनेगी असमी पाट, मुँह देखा है, छछूँदर कहीं का, जाओ इसके पहले कि कोड़े मारकर तेरी गाँड लाल कर दूँ! साला, महरिया को पाट पहनायेगा, छोड़ जा उसे मेरे घर, मैं उसे पाट और गहने दूँगा।'

'दुर भाग साला!'

गुहिला को चौधरी ने कुत्ते की तरह दुरदुरा दिया। पाट साड़ी महँगी भी बहुत थी। कम–से–कम बीस रुपये। और जो पाट छोटकी दुल्हिन पहनती हैं, वह तो पैंतीस रुपये से कम का नहीं होगा। ये साड़ियाँ एक पीढ़ी से दूसरी पीढ़ी में हस्तान्तरित होती रहती थीं। माँ से बेटी या सास से बहू और जिस तरह गहनों को गर्व से छूते हुए गृहिणी कहती कि ये मेरी दादी के गहने हैं उसी तरह पाट की साड़ियों को भी पहनकर इतराते हुए घोषणा की जाती कि ये मेरी नानी या दादी की है।

और छोटकी दुल्हिन की ऐसी ख़ानदानी साड़ी को गुहिला को दे दें!! साला पगला गया है सुन्दर बीवी पाकर। गाँव की चौपाल पर

बड़े चौधरी और छोटे चौधरी पेट खुजलाकर गुहिला पर गप्प मारते हँसते और उसको गरियाते–कोसते रहे।

गुहिला हवेली से चला गया, पर गाँव से नहीं। वह बिना पाट साड़ी लिए नहीं जायेगा। वह असाढ़ी वाली को कौन–सा मुँह दिखायेगा?

वह साड़ी चुराने की तरक़ीब सोचता रहा।

चार रात बाद वट–सावित्री पूजा थी। छोटकी दुल्हिन ने वही साड़ी पहनी, मंगटिक्का पहना और दूसरी औरतों के साथ बड़का बड़ पूजने गयी। उनकी साड़ी में सोने–चाँदी के असली तारों से कढ़ाई की गयी थी। गुहिला वहीं ढोल बजा रहा था। साड़ी उसकी आँखों में लश्कारे मार रही थी।

रात को वही साड़ी पहनकर छोटी दुल्हिन अपने दूल्हे के साथ सोयीं। गुहिला भी अँधेरे में कमरे में ही कहीं छुपा हुआ था। उसने थोड़ा पानी गरम किया और दुल्हिन की कमर के निचले भाग में धीरे–से गिरा दिया। ऐसे ही उसने चौधरी के निचले हिस्से में भी थोड़ा पानी गिरा दिया और कोने में साँस रोककर खड़ा हो गया।

पहले दुल्हिन की नींद टूटी। ओह, बिस्तर गीला हो गया! ये आदत तो उनकी कब की छूट गयी थी। आज फिर कैसे? ओह, शाम को इतना मिस्री का शरबत नहीं पीना चाहिए था!

ख़ैर, जल्दी से उठकर दुल्हिन ने कपड़े बदले। पाट साड़ी को लपेटकर किनारे रख दिया। इसी समय चौधरी की भी नींद खुली। वे भी हैरान! ये क्या हुआ? दुल्हिन के सामने मेरी इज़्ज़त चली जायेगी। ओह भगवान, जल्दी से धोती बदलकर सो जाता हूँ, ऐसा सोचकर उन्होंने भी धोती खोलकर नीचे कहीं कोने में डाल दी और सूखा कपड़ा लपेटकर पड़ रहे।

थोड़ी देर में इत्मीनान से गुहिला पाट साड़ी और नयी धोती लेकर चलता बना।

कुछ दिनों बाद असाढ़ी वाली वही साड़ी पहनकर बीर बाबा की पूजा कर रही थी और गुहिला नयी धोती पहने चौधरी के यहाँ ढोल बजा रहा था। उसे किसी ने कुछ नहीं कहा, कि कहीं कोई राज़ खुल न जाये।

मेरी प्रथम गुरु

मेरी दादी पढ़ी–लिखी नहीं थीं–पर कुछ अंग्रेज़ी शब्दों को अपभ्रंश करके बोल लेती थीं। जैसे–ब्रेन को ब्रेण्ड, डिफेक्ट को डेफट, ब्लॉक को बिलोक, इंटरव्यू को ऐंटेरभऊ, डॉगी को डोग्गी, राइस को रेस, विक्टर को बिटर, ब्लाउस को बिलोज, बॉडी को बोडी इत्यादि।

दादी को शुद्ध हिन्दी भी नहीं आती थी। वह कई शब्दों को ग़लत बोलती थीं–जैसे गोरा को गोला, चाँद को चन्न, चर्चा को चर्च, चना को बूट, ओखली को ऊखल, उसर को उसल, केला को केरा, आम को आम्ब। उसे लगता था कि थोड़ा हटकर उच्चारण करने से–चाल मारकर बोलने से, वह शुद्ध हिन्दी बन जायेगा।

यूपीएससी के इंटरव्यू के बाद मैं चकराकर गिरने ही वाली थी जब दादी ने मुझे यूपीएससी इंटरव्यू के बाद पूछा–

'कैसा हुआ तुम्हारा ऐंटेरभऊ!'

हम लोग हँसते–हँसते लोटपोट हो गये थे।

दादी का जनरल नॉलेज भी एकदम फिसड्डी था। पर उन्हें लगता था कि वह बहुत तेज़ हैं।

एक बार मेरे गाँव में लड़के वाले रिश्ते के लिए एक लड़की को देखने आये।

लड़के के बाप ने लड़की (जो स्कूल में पढ़ती थी) को कुछ बुलवाने की ख़ातिर आसान–सा सवाल पूछा–

'भारत का प्रधानमन्त्री कौन है?'

लड़की चुप।

मेरी दादी उसे हिंट दिये जा रही थी कि नेहरू जी बोलो, पर वह लड़की तो नतमुँह बैठी थी, तब दादी से रहा नहीं गया।

समधी के पास जाकर बोलीं–

'कोई कठिन सवाल पूछिए न आप लोग। इसका उत्तर तो सबको पता है। नेहरू जी को छोड़कर भारत का प्रधानमन्त्री कौन हो सकता है।'

समधियों ने माथा पीट लिया। पर दादी कॉन्फ़िडेंट थीं कि वे बिल्कुल सही हैं। उनके समर्थन में दो–चार घूँघट हाँ में हिले और वे खुश होकर सुड़ककर चाय पीने लगीं।

एक बार एक लड़की को देखने वालों ने सवाल पूछा कि मीट में कौन–कौन से मसाला डालते हैं?

लड़की ने शर्म से कुछ न कहा तो दादी टपक पड़ीं–

'अगे सीतिया, बोलहि ने गे, हरदी, मिर्चा, जीरा–गोलकी, धनिया, गरम–मसाला!'

कहना नहीं होगा कि ये रिश्ते नहीं हुए।

एक बार मेरी बाड़ी में बहुत बैंगन फला था। दादी ने विचार किया कि वे बाज़ार में बैंगन बेचने जायेंगी। तभी किसी ने सुझाव दिया कि क्यों न पहले इसे सीरिया–महूदा (पड़ोसी गाँव) में बेच दिया जाये और अदला–बदली (बार्टर सिस्टम) में उनसे महुआ ले लिया जाये! महुआ बहुत उपयोगी था। बैंगन से भी अधिक। महुए से शराब भी चुआई जाती थी और बचा–खुचा गायों को खिलाया जाता था, जिससे उनके दूध में बढ़ोतरी होती थी। यह अलग बात थी कि महुआ खाने के बाद गाय के दूध से कैसी तो एक मादक गन्ध आती थी और हमसे दूध पिया नहीं जाता था।

दादी को यह जँच गया। हम एक–एक टोकरी बैंगन लेकर सीरिया पहुँचे। सीरिया राजपूती गाँव है–पर ग़रीबी ने सबकी कमर तोड़ दी थी। अब राजपूती शान बस बोलने और लोगों पर रौब जमाने तक सीमित रह गयी थी।

एक बुढ़िया मिली जो महुआ बराबर बैंगन बदलने के लिए तैयार थी। उसने बताया कि खाने के अभाव में वे लोग कई दिनों

से महुआ का लड्डू बनाकर खा रहे हैं। बैंगन तो ठीक है पर अकेले बैंगन की क्या सब्ज़ी बनेगी जब तक इसमें आलू नहीं पड़ेगा। बोलूँगी मैं अपने बेटे से थोड़ा चावल और आलू ले आये तो बहुत दिनों के बाद आलू–बैंगन की सब्ज़ी और चावल खाऊँगी। बुढ़िया के चेहरे पर बच्चों–सी चमक थी।

वापसी में दादी ने बताया कि इसका बेटा जंगल जाने वाली औरतों के ऊपर अत्याचार करता है। ख़ासकर, आदिवासी औरतों की कुल्हाड़ियाँ और रस्सियाँ छीन लेता है और बाज़ार में बेचकर खाने–पीने की चीज़ें ख़रीदता है। अगर किसी को अपनी चीज़ें वापस चाहिए, तो उसे रुपये देकर छुड़ाना पड़ता है।

दादी ने साथ में मुझे ले लिया–टोकरी सिर पर रख दी। करनी बाज़ार एक किमी. दूर होगा। मैं और दादी बैंगन बेचने सड़क के किनारे बोरे पर बैठ गये। दादी ने मुझे सिखाया कि आधा किलो से कम नहीं तौलना है। और किसी को भी मुफ़्त और उधार नहीं देना है। थोड़ी देर दादी बैठी रहीं फिर अपने किसी रिश्तेदार को भेंटने चली गयीं।

मुझे तराजू में बाँट रखकर तौलने में बड़ा मज़ा आ रहा था। मैंने अकेले कम–से–कम दस किलो बैंगन तो बेच ही डाले।

मैं कैश और चिल्लर को एक डिब्बे में रखती जा रही थी।

तभी लच्छु सर आते दिखायी दिये। नज़दीक आये और बैंगन का मोल भाव किया–

'कैसे दिये बैंगन, अंजू?'

'सर, चार रुपये किलो। आधा किलो से कम नहीं दूँगी। और मुफ़्त व उधार नहीं दूँगी।' मैंने दादी का सिखाया–पढ़ाया तोते–सा रटा हुआ जवाब दिया।

'अरे, गुरु से भी पैसे लोगी? एक बैंगन दे दो। देखते हैं तुम्हारे खेत का बैंगन कैसा लगता है!'

'नहीं दूँगी, सर। दादी ने मना किया है किसी को मुफ़्त देने को।'

लच्छु सर की आदत थी मुफ़्त में कुछ भी ले लेने की। मुझे वे हमेशा अकारण डाँटते रहते थे। दूसरे दादी का आदेश था सो मैंने

बैंगन नहीं दिया। सर चले गये और दादी से शिकायत कर दी कि मैंने उनसे बहुत बदतमीज़ी से बात की और बैंगन भी नहीं दिया।

दादी तुरन्त आयीं और मेरे सामने क़रीब डेढ़ किलो बैंगन उनके झोले में शरमाकर मुस्कुराते हुए डाल दिये।

मुझे बहुत ग़ुस्सा आया। दादी ने ही समझाया कि गुरु लोगों से कभी भी दाम नहीं लेने चाहिए। गुरु तो ईश्वर का रूप होते हैं और वे तुम्हारी परीक्षा लेने आये थे।

'मैं परीक्षा में पास हुई या फेल?'

दादी चुप हो गयीं।

दुनियादारी में दादी बहुत कुशल थीं। मेरे शिक्षकों को अक्सर दूध, दही और ईख भेजती रहतीं। मेरा परीक्षा परिणाम आने से पहले बड़ा दिन के बहाने शिक्षकगण मेरे यहाँ खाने पर आते।

करनी स्कूल के शिक्षकगण मुझे चिढ़ाते रहते कि अंजू की दही हमेशा खट्टी होती है।

एक बार मेरी परीक्षा थी। दादी को चिन्ता हुई कि मैं दिन भर बिना खाये कैसे रह पाऊँगी! मैं बचपन में बहुत कमज़ोर थी। हर साल मलेरिया मुझे आ जकड़ता। अक्सर बेहोश हो जाती या परीक्षा के वक़्त बीमार पड़ जाती। तो उस दिन दादी ने घर से झोले में पपरी (छिलका रोटी) और आलू दम एक–एक बर्तन में डाल लिया (उन दिनों मेरे घर में टिफिन कैरियर नहीं होता था और बच्चे स्कूल में टिफिन भी नहीं ले जाते थे। मिड डे मील भी नहीं मिलता था। पहली बार मैं टिफिन लेकर इटखोरी हाईस्कूल ही गयी थी)।

करनी और मेरे गाँव पथरिया के बीच एक तालाब पड़ता है– बराही (शायद एक बूढ़ा बड़ होने से यह नाम पड़ा होगा।)।

दादी वहीं बैठ गयीं और किसी चरवाहे से ख़बर पहुँचायी कि अंजू को भेज दें। वह लड़का हाँफता हुआ आया और क्लास मास्टर जी को इत्तला कर चलता बना। भैरो सर मेरे पास आये और कहा कि 'तुम्हारी दादी बराही पर तुम्हारा इन्तज़ार कर रही हैं।'

मुझे बहुत शर्म आयी। उन दिनों माता–पिता का स्कूल में आना बेहद शर्मनाक माना जाता था। अन्ततः, मुझे एक सहेली के साथ दादी से मिलने की इजाज़त मिल गयी इस ताक़ीद के साथ कि अगली परीक्षा शुरू होने से पहले वापस आ जाऊँ।

मैंने दादी को देखते ही डाँटा–'क्यों मेरी बेइज़्ज़ती करवाने आ गयी हो?'

पर दादी मुस्कुराती रहीं और बड़े मनुहार से पपरी और दम आलू खिलाया। मेरी सहेली को बहुत अच्छा लगा। दादी ने उसे दो मीठी पपरी त्रिकोण टाइप मोड़कर हाथ में दे दीं। वह उन्हें कहाँ छुपाये! तब मैंने उसे तरक़ीब बतायी कि अपने बलून पैंट में डाल दो किसी को पता नहीं चलेगा। उसने वैसा ही किया।

हम समय से परीक्षा में शामिल हुए। भैरो सर इनविजिलेटर थे। अचानक मेरी सहेली उठकर चिल्लाने लगी। इधर–उधर कूदने लगी!

मैया गे!

(खोटा) चींटी कटलकौ गे मैया।

लगता है कि चींटियाँ किसी तरह मीठी पपरी का पता पा गयी थीं और अटैक कर दिया था।

फिर क्या था!

भैरो सर ने हम दोनों की छड़ी से अच्छी पूजा की।

बेस्ट फ्रेंड्स

बहुत से दोस्त बनते हैं। कुछ दिनों में हम उनके नज़दीक आ जाते हैं। और फ़ेसबुक, ट्विटर व इंस्टाग्राम पर 'सेल्फ़ी विद बेस्टी' लिखकर पोस्ट कर देते हैं। आरोह पर तो सब कुछ अच्छा लगता है–मधुर आलाप की तरह। नया और रोमांचक। दिन–रात मैसेज भेजना। फ़ोटो शेयर करना। साथ घूमना और शॉपिंग करना। हँसना, रोना, फ़िल्में देखना। अपनी गुप्त बातें बताना। ग़लतियाँ करना और माफ़ कर देना–सब कुछ एक लय में तब तक चलता है जब तक कि एक–दूसरे को हम बेस्टी का ख़िताब न दे दें।

फिर एक अवरोह का दौर आता है कि बेस्टी से थोड़ी–थोड़ी शिकायत होने लगती है। शायद इसीलिए केमिस्ट्री की वेव थ्योरी इतनी सही है। अणु, परमाणु और तत्त्वों से बने होने के कारण ही हमारे जीवन में उतार–चढ़ाव आता है। रिश्ते लहरों की तरह आते हैं और जाते हैं, सीधी रेखा में कुछ नहीं होता। सीधा तो कुछ भी नहीं है?

जब मैं छोटी थी लगभग चौथी–पाँचवीं कक्षा में–तब अक्सर दादी को कहते सुनती थी कि उनकी दो बेस्ट फ्रेंड्स हैं। दो कैसे यह तो व्याकरण के हिसाब से ग़लत हुआ न। सर्वश्रेष्ठ या सर्वोत्तम तो एक ही हो सकता है, दो कैसे?

एक उनकी सखी थी। बाकायदा बनायी हुई सखी। हाथ में फूल, वस्त्र, पान, शंख और गंगाजल उठाकर शपथ ली थी कि वे दोनों आमरण सखी अर्थात बेस्ट फ्रेंड रहेंगे। मुझे उनकी दोस्ती पर आश्चर्य होता!

कभी तो एक–दूसरे के लिए जान लुटातीं, तो कभी थोड़े से पैसे या धान के लिए एक–दूसरे से लड़ पड़तीं।

दादी की सखी माँ के घर में बहुत अमरूद फले थे और मेरी दादी को बहुत पसन्द थे। ये अमरूद के पेड़ उनके कुएँ की जगत के आसपास थे, सो कुएँ में भी कुछ अमरूद गिर जाते थे। दादी एक बार उनके कुएँ से पानी निकाल रही थीं कि कुण्डी में दो अमरूद आ गये।

'वाह' दादी ने सोचा और दोनों अमरूद धोकर आँचल में बाँधकर घर ले गयीं। लगता है, सखी माँ ने उन्हें देख लिया होगा, वे तुरन्त दादी के पीछे–पीछे मेरे घर आयीं। तब तक दादी और मैं अमरूद काटकर खा ही रहे थे।

दादी ने उनका स्वागत किया–'आवा सखी।'

'और तू अमरूद चुरावा सखी,' उन्होंने कड़वा मुँह बेतकर कहा।

दादी को काटो तो ख़ून नहीं!

उनकी बेइज़्ज़ती बच्चों के सामने हुई थी–वह भी अमरूद चुराने के लिए! डूब मरने की बात थी।

उनकी बोलचाल अपनी सखी से बन्द हो गयी।

सखी से उन्हें ऐसी उम्मीद न थी।

उधर सखी भी परेशान। दादी उनकी सचमुच बेस्ट फ्रेंड और राज़दार थीं। सखी माँ इस बार उनको सनसनीखेज़ समाचार देना चाहती थीं कि उन्होंने अपने पति को रँगे हाथों अपनी बहू के साथ पकड़ लिया था।

पर कैसे? सखी तो रूसल बा!

उनको एक उपाय सूझा। वे ढेर सारा कैस्टर ऑयल पीकर बीमार पड़ गयीं। मुँह–पेट चलने लगा। उनकी बड़ी, मँझोली और छोटी बहुएँ रोने लगीं।

गाँव में मर जाना कोई बड़ी बात नहीं थी। किसी को मलेरिया हुआ तो मर गया। चेचक हुआ तो मर गया। हैजा में तो गाँव के गाँव साफ़ हो जाते थे! तो क्या सखी को हैजा हो गया है?

दादी कान लगाकर सुनने लगीं। रोने की आवाज़ क्रमशः तेज़ होती जाती थी। आख़िर दादी से रहा नहीं गया!

वे उनके घर की चौखट तक चली गयीं। जब सखी माँ ने सुना कि दादी आयी हैं, वे कमज़ोरी में ही दौड़ी आयीं और चौखट पर ही उनके गले से लग गयीं। माफ़ी माँगी और उन्हें अन्दर ले गयीं।

दूसरे दिन पूरब भर (दिशा–मैदान) जाते समय उन्होंने दादी को वे सारी बातें बतायीं जिन्हें बताने के लिए वे छटपटा रही थीं।

'का कहें सखी हे, अपनी पतोहू को भी नहीं छोड़ रहा है ई महतो बुढ़वा। पाप गल–गलकर चूवेगा, आप देखिएगा। मैं तो शौक़ से मर जाऊँगी, सुहागिन, पर लोग देखेंगे। और इस गलफुल्ली (बहू) के दुःख से सियार–कुत्ते रोयेंगे। जब ये अपनी माँग धोकर इसी तालाब से नहाकर मुँह ढँककर रोती जायेगी, तब मेरे कलेजे में ठण्डक पहुँचेगी।'

'धत् सखी, अपनी ही बहू को विधवा होने का श्राप क्यों दे रही है?'

'अरे सखी, जी जलता है मेरा उसको छाती दलकाते मचलते हुए देखकर। आँगन में, छत पर, खेतों के मचान पर हर जगह मरवाती रहती है। और यह बुढ़वा भी छछूँदर की तरह छुछुआते हुए उसके पीछे–पीछे डोलता फिरता है।' 'मुझे कहता है कि अब तुम घर सम्हालो और नाती–पोतों को खिलाओ। तुम्हारे औज़ार में जंग लग गया है। अपना–अथि–पजाकर रखा है जैसे इस मरदूद ने।'

मेरी दादी के पास भी कुछ ताज़ा समाचार थे, सखी के लिए!

'अरे सखी, का बतायें! मेरी गोतनी की बहू पेट से है।'

'कब किसने यह पाप कमाया, सखी?'

'क्या कहें, कलियुग है! बेटा बोडर (बोर्डर) की रक्षा कर रहा है। सास–ससुर बेटे की कमाई से तीर्थ पर गये हैं, गंगा नहायेंगे। यहाँ आँगन में यह पाप की गंगा बहा रही है।'

'कौन है सखी?'

'वही बन्दौतवा सीरिया वाला। हर दिन चाह पीने आता था। बिजली का तेल लाता था बूढ़ी के लिए। कब अचँगा पर चढ़ा, किसी को पता ही नहीं लगने दिया।'

(अब सखी को अपना दुःख बहुत कम लग रहा था। दूसरे की मुसीबत में ख़ुश होना इन दोनों सखियों को बहुत आता था।)

'चलिए न सखी! परतीत करवा दूँ। चेहरा एकदम हल्दी हो गया है।'

'अरे सखी, हम किसी के घर में क्यों जायें? आपने कह दिया वही काफ़ी है। मैंने परतीत किया। वैसे मैं भी एक बात बता दूँ–मेरे टोले में दोगला सोंठ–हलुवा बँटने वाला ही है।'

'का कहती हैं आप? कौन खिलायेगा हलुवा?'

'सहुआइन और कौन? और किससे पेट फुलवाया है? पता है आपको, बताते हुए भी मेरी जीभ छिलती है!'

'कौन?'

'अपना ही दामाद–सीतीया का दूल्हा!'

'हे भगवान! अब और कितना दिखाओगे?'

'बताइए तो पूरी जवानी रंडापा खेपा, और अब चौथी पहर में इनको कंट्रोल नहीं हुआ। पाप फलेगा नहीं, मैं आज भविष्यवाणी करती हूँ।

'पुलिस आयी थी। मेरे वो चौकीदार हैं न? बता रहे थे कि बच्चा गिरवा दिया है और आँगन में ही पुआल के माचे के नीचे गाड़ दिया है। पुलिस ने आँगन खोदकर बच्चा निकाला। बेटा था। मुँह एकदम राम जी (दामाद) के जैसा था।

'सुनते हैं, जनमते वक़्त बच्चा ज़िन्दा था। रोया भी था। कसबिन सहुआइन ने नून–तेल चटाकर मार डाला।'

'हाय–हाय, इसे बाल–हत्या का पाप लगेगा।'

'उसके बेटे ही ले गये, बच्चे को गाड़ने।'

'सखी सुना है–दूध उतर आया था उसे। पूरी गिल्टियाँ बन गयी थीं काँख में। कुहर रही थी और दीवार पर दूध गार रही थी, पापिन।

'मेरे चौकीदार जी को पुलिस दरोगा ने उसे बुलाने भेजा। ये बैलगाड़ी पर गयीं, दुल्हन की तरह घूँघट काढ़कर। मरजानी सुन्दर तो है ही। दरोगा जी का भी मन डोल गया। इनको बुलाकर कहा

कि चौकीदार तुम लोग घर जाओ। उस हरामज़ादी को अन्दर भेज दो। देखते हैं कितनी गर्मी चढ़ी है इसे। आज सब मिलकर इसकी गर्मी झाड़ते हैं, रात भर!

तब इन्होंने हाथ जोड़कर गाँव की इज्ज़त की भीख माँगी। कहा– कैसी बातें करते हैं दरोगा साहेब! अपने ही लोग हैं। ये हमारी भौजी हैं। ग़रीब हैं, तभी पैर फिसल गया होगा। माफ़ करें और इनको जाने दें। ये शीत में बीमार भी हो सकती हैं।

'बड़ी जी–हुजूरी करने के बाद और घूस में घोड़ा लेने के बाद दरोगा ने केस रफ़ा–दफ़ा किया। अब घर में बैठी हैं माहवारी रुकने वाली बीमारी (मेनोपॉज) का नाम लेकर। एक बार आप ज़रूर जाइयेगा। मज़ा आयेगा।'

'कल ही जाती हूँ। मेरे घर से साग ख़रीदा था सहुआइन ने चार महीने पहले, तब का पाँच रुपया बाक़ी है। अपना बक़ाया इसे याद रहता है, किसी का देना भूल जाती है, जानबूझकर।'

'उ पण्डिताइन का कहानी सुने कि नहीं?'

'क्यों क्या हुआ?'

'अरे कल बिसनपुर में बड़ा हंगामा किया इस चटकछिनाल ने। पण्डित तो जाने के दिन गिन रहा है, और ये गर्मायी बिल्ली बन रही है। कल ही मैंने इसे अपना चेस्टर सिलते हुए देखा था। अब हम लोग की छातियाँ तो चूचके आम हो रही हैं और ये महारानी चेस्टर सिलकर उन्हें नुकीला बना रही हैं। गोबिन्द सिंह को रसपान करा आयी हैं जंगल की नर्सरी में। वहीं ईश्वर सिंह (जो उसका गोतिया है) ने इन दोनों को जट्टम–जोट्टा देख लिया। उलटे पैर वह भागकर गाँव में हल्ला कर आया। लड़के कम शरारती हैं? उसकी धोती लेकर गाँव में भाग चले। ये पीछे–पीछे पेटीकोट– बिलोज में बिसनपुर चौक में गयीं। बाप रे!

'तब भी देखो तो–चोरी और ऊपर से सीनाजोरी। कहती थीं कि बुलाइए ईश्वर सिंह जी को। मेरे लिए पलँग बिछायें। तोषक लगायें। मसहरी लगायें और तब मैं खुल्लम–खुल्ला सेज चढ़ूँगी।

वहाँ की औरतों ने इसे झाड़ू मारकर भगाया। अभी भी गोबिन्द सिंहवा इसके घर में घुसकर दारू पी रहा होगा।

'क्या कहें सखी, पूरी दुनिया रसातल में जा रही है। वो लट्टन फफू का क़िस्सा सुने हैं कि नहीं?'

दादी ने उत्सुकता से भरकर विस्फारित नज़रों से सखी को देखा।

'लट्टन फफू बाल विधवा थीं। वैष्णव थीं। नाक के ऊपर रामानन्द जी के जैसा चन्दन ठोपती थीं। खेती–बारी करवाने के लिए मायके से भाई ने भतीजे को भेजा। वे दोनों अकेले एक ही घर में रहते थे वैसे ही जैसे कि घास और आग! बस लटपटा गयीं। भतीजा को उसके बाप ने इतना पीटा और कोसा कि पागल हो गया। राँची के पागलखाना में बेड़ी–हथकड़ी पहनकर रहता है।'

'ई किस्सा तो सबको पता है सखी। हम भी तो इसी गाँव में बियाहकर आये थे।' दादी ने मुँह बिचकाते हुए कहा।

पर सखी भी कहाँ मानने वाली थीं। कहने लगीं–

'अरे सखी, आपको अभी का क़िस्सा सुनाते हैं। उसी पगले (भतीजे) का बेटा फँस गया है अपनी चचेरी भौजाई के साथ!'

'का कहती हैं?' अब दादी को थोड़ा इंट्रेस्ट आया।

'हाँ, सखी, लट्टन फफू के मरने के बाद उनकी ज़मीन को लेकर भयंकर विवाद हुआ। दोनों भाइयों–त्रिवेणी और अमलेन्दु मिसिर ने अपने बेटों को भेजा कि थोड़े दिन लट्टन फफू के गाँव में रहो, ज़मीनें पहचानो तब हमारा दावा मज़बूत होगा।

'त्रिवेणी थोड़े दिन रहकर चले गये, पर अपनी पत्नी और बेटी विद्या बेबी को छोड़ गये। अमलेन्दु मिसिर कुछ दिन होटल में टिके और उनका मुँह–पेट चलने लगा और भाभी ने आपसी मतभेद भुलाकर उन्हें घर बुलवा लिया। अमलेन्दु आये और वहीं रहने लगे। विद्या की माँ बहुत सुशील कोमल स्त्री थीं। अमला बाबू को भा गयीं और दोनों साथ सोने लगे। यहाँ तक कि बँटाईदार दरवाज़े पर आकर खड़ा हो जाता, तब भी वे दोनों दृढ़ आलिंगन में बँधे दिखते।

'आख़िर लोगों की फुसफुसाहटें ऊँची होने लगीं और त्रिवेणी मिसिर तक पहुँच गयीं। सुना है कि विद्या की माँ को कलकत्ता की मण्डी में बेचेंगे।'

'क्या कहती हैं, सखी। विद्या की माँ क्या कोई जिनिस–वस्तु है, जिसे बेचेगा कोई?'

'अरे, आप नहीं समझीं, उसे कोठे पर बिठाकर आयेंगे त्रिवेणी मिसिर ख़ुद।'

'इस्स! सखी यह तो नचारि–गीत जैसा हो गया–

अब भौजी बिकतथीन डोमवा के हथवा रे दैया
कैसे भेंट करबै भौजी के मुहवा रे दैया–
डोमवा बेचता सुपवा–मौनिया
आयिहा देवर जी कलकत्ता केर हटिया
वही बहाने भेंटिया करिबो रे दाइयाँ'

'हाँ सखी, उससे बढ़िया वो डोम के घर जाती–शैव्या रानी के जैसी या राजा हरिसहचन्द्र जैसी। कम–से–कम मेहनत का तो खाती।

'वैसे बतायें, विद्या की माय दूध की धुली नहीं हैं। बँटाईदार ने भी उसके गाल की मलाई खायी है। मैंने अपनी आँखों से देखा है। एक दिन अमरूद मँगाया था अमलवा ने। वह नहीं था, देखा तो विद्या की माय बँटाईदार की गोद में चढ़ी हुई हैं बच्ची की तरह। और उसने इनका गाल और मुँह चूसकर नील पार दिया है। मुझे देखा तो शरमाकर घूँघट काढ़ लिया–

भीतर भीतर सात रोटी
ऊपर करे एकादशी

'हुँह! बड़े लोग और इनकी बड़ी बातें।'

'आपको मैंने चौधरी का क़िस्सा तो बताया ही नहीं?'

'क्या हुआ सखी?'

'अरे उनकी जो बड़की बिटिया हैं न वह धरम भुइयाँ से फँस गयी हैं। कल पंचायत बैठेगी और सभी भुइयाँ लोग को चौधरी अपनी ज़मीन से बेदख़ल कर देगा।

'सखी, आज दिन में एक और हंगामा हुआ। गुवालटोली की उ चरकी कनिया गरियाती शरापती मायके जा रही थी।'

'आँय, का हुआ उसे।'

'उसका पति तो जलकर मर गया था न बम्बे में। वो बेचारी तो देवर को देखकर जी रही थी कि उसी के साथ बैठ जायेगी। पर लदरी बुढ़िया ने उसे पास फटकने नहीं दिया। आज बच्चे को पकड़कर छुड़ा दिया।'

'अरे, इसलिए वो निमरी बकरी को हाँकती जा रही थी, हमने तो सोचा कि आड़ा में मिलाने जा रही है, मुझे क्या पता कि हमेशा के लिए जा रही है गाँव से।'

'वो बकरी वह मायके से लायी थी न वहीं ले जा रही है। वहीं कोई काम–धन्धा देखेगी।'

थोड़ी देर दोनों चुप हो गयीं, क्योंकि, पोखर की मेंड़ तक पहुँच चुकी थीं। सामने से बकुला बुढ़िया चली आ रही थीं। उनका एक और उपनाम रखा था लोगों ने–मथनी! वैसे ही झूम–झूमकर चलती थीं जैसे कि कोई मथानी को दही में मथ रहा हो।

बकुला बूढ़ी मेरी दादी की दूसरी बेस्ट फ्रेंड थीं। वे पढ़ी–लिखी थीं और सखी के विपरीत थीं। हमेशा धर्म चर्चा किया करतीं और उसी में यौन–वितान व प्रतीकों का बेहद ख़ूबसूरत इस्तेमाल करती थीं।

दादी उनके साथ बहुत समर्थ महसूस करती थीं।

दोनों ने बकुला को राम–राम किया और नित्य–क्रिया से निपटने के लिए एक–दूसरे से अड़ौत लेकर बैठ गयीं। थोड़ी देर तक शान्ति छायी रही। बस रह–रहकर मेढकों और झींगुर की तीखी आवाज़ें उस शान्ति को चीर रही थीं।

पहले काँखते हुए सखी बाहर निकलीं और उन दोनों का इन्तज़ार करती रहीं। सखी को एकदम पसन्द नहीं था कि दादी और बकुला साथ रहें और एक सनसनी कथा से उसे वंचित करें। अपनी उपस्थिति दर्ज कराने के लिए वे ढेला लेकर कुत्तों को मारने लगीं–

'अरे भाग रे कुकर, अभी तुझे यमलोक भेजती हूँ, तेरा टिकट काटती हूँ मैं अन्धी–गाड़ी का।'

(आवारा पागल कुत्तों को हमारे यहाँ बन्द गाड़ियों में भरकर मारने ले जाया जाता था, कुत्ते उस गाड़ी को देख बहुत डरते थे)

तब तक दादी और बकुला मेंड़ से ऊपर आती दिखाई दीं। फिर तीनों ने एक साथ पानी छुआ। मुँह–हाथ धोया और वापस चल पड़ीं।

'सखी, आप कुत्तों को क्यों मार रही थीं। कुत्ते तो भैरों बाबा के रूप होते हैं। अभी उनका मेटिंग सीजन चल रहा है। ग़ुस्सा होंगे तो काट खायेंगे।'

'हाँ, बकुला माय, हर जगह घिना दिया है कुत्तों ने। मेरे मकई के खेत में मैंने देखा एक कुतिया और कई कुत्ते। बाप रे मेरी नतनी को काटने वाले थे, बड़ी मुश्किल से बची।' सखी ने समर्थन किया

'आपने देखा होगा कि कुत्ते कितना मन लगाकर सम्भोग करते हैं। एक सम्भोग और पाँच पिल्ले!'

'आदमी तो एक बच्चा पैदा करने के लिए साल भर लगा रहता है।'

'उसके मन में पाप जो समा गया है। ऋषि–मुनि कह गये हैं कि सन्तान–प्राप्ति के लिए ही सम्भोग करना चाहिए। पर पापी लोग दिन–रात मज़े मारने में लगे हुए हैं। बच्चा कैसे होगा? वीर्य तो पतला हो जाता है न।'

'सही कहा', सखी चहकीं–'मेरे मालिक तो अपनी पतोहू को नहीं छोड़ रहे। लगे पड़े हैं।'

'आप बहू को गरदनिया देकर बाहर करिए। उसकी ये हिम्मत? धर्मशास्त्र के हिसाब से भी उसका यह आचरण निकृष्ट है। छिः–छिः! हमारे रामशरण (भतीजा) भी पगला गये हैं उस मालन के पीछे। मैंने खुद देखा रामशरण को राम जी के धनुष की तरह मालन के ऊपर झुके हुए थे। मैंने खदेड़ा तो मालन मेरे पास हँसती हुई आयी और कहा कि (नकल मारकर) ई मुँहजारा, गुदगुदी करत हैं काकी।'

'बताओ, बस रोज़ एक फूल का गुच्छा देने के बहाने कोठरी में घुसी रहती है और फुसफुसाती रहती है, रामशरण और केसरी के साथ।'

'अरे उ मलिनया तो मेरे घर में भी घुसी रहती थी'। दादी ने कहा। 'कभी कान्हा जी के लिए मौर ला रही है तो कभी मेरे ससुर के फ़ोटो पर डालने के लिए चन्दन हार। मेरा भाई मायके से आकर इसके आसपास मँडराता रहता था।'

'आपका वही भाई, जो नचनिया से फँसा हुआ था?'

सखी ने दादी को सूई चुभोयी।

'हाँ सखी वही भाई। पर कौन उस नचनिया के चक्कर में नहीं पड़ा था? आपके मालिक तो सुने उसका साया–बिलोज भी धोते–सुखाते थे। बाद में मेरे 'उन्होंने' पुलिस बुलाकर धमकाया था तब जाकर महतो ने नचनिया का पीछा छोड़ा।' दादी ने प्रतिउत्तर में सखी की आँखों में सलाखें भोंकीं।

अब सखी को साथ चलना भारी पड़ रहा था। पर हार मानना भी मुश्किल था। वे बकुला से बतियाने लगीं–

'ए बकुला माय, आपके पास झिंगनी और करेले के बीज होंगे? हम सोचे कि घोरान पर लत्तड डाल दें। इस बार हम किसी को मुफ़्त नहीं देंगे हाँ, पिछली बार कितने लोगों ने मेरे घर के करेले और नेनुआ मुफ़्त खाया था, चुराकर भी ले गयी थीं।' उनका इशारा दादी ख़ूब समझ रही थीं, पर उनके बोलने से पहले ही बकुला दादी ने बचाव किया क्योंकि बकुला तो दादी की बेस्ट फ्रेंड थीं।

'हैं तो बीज, पर हम शनिवार–इतवार को नहीं देते, नज़र लग जाती है। सखी बुरा मत मानियेगा। रहा सवाल आपके मुफ़्त करेले और नेनुआ का तो मुझे ऐसा परतीत नहीं होता। आप तो अमरूद भी तौलकर बेचती हैं–कुएँ में गिरे–सड़े अमरूद भी कोई लेता है तो घर पहुँचकर जलील करते मैंने देखा है आपको।'

यह था फुल सर्कल, सखी क्लीन बोल्ड हो चुकी थीं। पैर पटकते वहाँ से अपनी गली की ओर मुड़ लीं।

इस कृत्य पर दादी ने बकुला को साँझ को 'लाल चाय' पर इनवाइट किया। बकुला तो इसी की प्रतीक्षा में थीं। उन्होंने हाँ कर दी।

बड़ी देर बाद उन्हें ख़याल आया कि मैं भी साथ चल रही हूँ। दादी ने तुरन्त मेरे कान उमेठे और दौड़कर माँ को सूचना देने भेज दिया कि जल्दी से तेज़पत्ता और अदुआ (अदरक) डालकर दो गिलास चाय तैयार करें।

मैं दौड़कर माँ को बता आयी। और फिर से साँस रोके विक्रम–बेताल के बेताल की तरह दादी से अश्लील सनसनी सुनने के लिए चुपचाप चिपक गयी।

साग एक्सपिडिशन

मेरी दादी को प्रकृति से बहुत प्रेम था। साग–सब्ज़ी उगाने, फल–फूल, दाल और अचार के मामले में दादी के हाथ में जस था। उनके ज़माने में हम ठण्ड में भी परोर खाते और बरसात में भी बैंगन और टमाटर। दादी कहतीं–बारी है महतारी, अर्थात् खेत माँ के समान है, जब भी जाओ, खाने के लिए कोई–न–कोई सौगात दे ही देती है। कीड़े वाले बैंगन देखकर दादी तुरन्त सलाह देतीं–कियारी में पानी कम हो गया है इसलिए बैंगन घवा रहा है–बैंगन में बेंग बोले तब बैंगन घी जैसा होता है। मतलब बैंगन के खेत में हमेशा पानी चाहिए।

दादी साग की भी बहुत शौक़ीन थीं। तरह–तरह के साग हर मौसम में हमारी बाड़ी की शोभा बढ़ाते। गर्मी में लालगान्धारी, चौलाई, मूँगा तो बरसात में पोरवा (पुई), कनवा–मनवा, कैंची, बेंग तो जाड़े में पालक, चेमसूर, चना, बथुआ, मेथी, सोवा, आलू के पत्ते, खेटको और खेसारी साग!

दादी कभी कोंडार (कचनार) तो कभी मूनँगा (सहजन) सिरोर कर उसका साग बनातीं। कभी प्याज के पत्तों को कंदा (अरबी) और कोहंडा के पत्तों के साथ मिलाकर भी साग बना डालतीं। दादी को अनेक कॉम्बिनेशन पता थे और वे रिस्क लेने से भी नहीं डरती थीं।

दादी बहुत गर्व से बताया करती थीं कि साग काटने के लिए पूरे मायके में उनका नाम था। बड़ी चिलोहि (हँसुआ) से चूकु–मिक्कु बैठकर एकदम नमक जैसा पतला एकसार साग काटतीं। एक बार उनके चाचाजी ने उन्हें साग काटने बुलाया। वो किसी कारणवश नहीं जा पायीं। जब शाम को उनके चाचाजी मिले तो बड़े दुःखी हुए।

'आह डालिया (दादी), तुझको पता है कि मैं सिर्फ़ तेरे हाथ का साग ख़ाता हूँ तो क्यों नहीं आयी बेटी? तेरी चाची ने साग को बस दो टुकड़े कर कड़ाही में छोड़ दिया। उसमें इतना सन (रफेज) निकला कि मुँह ख़राब हो गया। लगा कि सन का साग खा रहा हूँ।' तब से दादी बिना नागा उनके यहाँ साग काटने जाया करती थीं।

साग काटते वक़्त, कभी–कभी उनकी उँगली कट जाती तो कहतीं : 'आज साग अधिक स्वादिष्ट बनेगा, क्योंकि इसमें मेरा ख़ून मिल गया है।' उस दिन साग खाते हुए मन कैसा तो करता।

उन दिनों, मुझे साग बिल्कुल भी पसन्द नहीं था। मैं साग को अन्तिम क्षण तक अनछुआ छोड़ देती। दादी इधर–उधर हुईं तो जल्दी से फेंक देती। या, अगर दादी ने देख लिया तो मग के पानी में डालकर दवा की तरह निगल लेती। तब उन्होंने यह मज़ेदार कहानी हमें सुनायी थी–

'एक बार एक दामाद अपने ससुराल गया। हमारे यहाँ दामाद के लिए साग बनाना शुभ शगुन माना जाता है। सो दामाद के लिए भी बढ़िया पालक साग बनाया गया। सास ने अनेक व्यंजन परोसे। अन्त में, ख़ासकर साग अलग रक़ाबी में परोसा।

दामाद को साग से बहुत नफ़रत थी–ऐलर्जी जैसी। अगर आसपास साग रखा हो तो खाना गले नहीं उतरेगा। बहुत सोच–समझकर दामाद ने सोचा कि पहले साग को जैसे–तैसे निगल लिया जाये, फिर बाक़ी खाना आराम से खाया जा सकेगा। इसलिए उसने साग को गप्प से मुँह में रख लिया। ऊपर से पानी पी लिया। सास ओट से दामाद की तरफ़ ही ताक रही थीं, जल्दी से फिर एक रक़ाबी साग परोस दिया। फिर दामाद ने चट से मुँह में रखा और पानी पी लिया।

दामाद शर्म से बोल नहीं पा रहा था कि उसे साग बिल्कुल पसन्द नहीं है, उधर सास सोच रही थीं कि मेरा बनाया हुआ साग दामाद जी को कितना पसन्द आया! वाह, वे साग पर साग परोसती गयीं और दामाद उसे किसी तरह नाक–आँख मूँदकर निगलता गया। उसने उस रात साग के सिवा कुछ न खाया।

रात में जब उसकी पत्नी ने पूछा कि खाना कैसा था? और इतराते हुए महत्त्वपूर्ण सूचना दी कि सिर्फ़ साग ही माँ ने बनाया बाक़ी सब कुछ मैंने बनाया था। कैसा लगा आपको?

पति ने कहा कि–'माँ जी ने इतने प्यार से साग खिलाया कि मैं कुछ और खा ही नहीं पाया।' पत्नी आपे से बाहर हो गयी।

'जाइए, हमने इतने प्यार से इतना कुछ बनाया और आपने कोई खाना नहीं चखा?'

'अरे, सुनो तो।'

'हम आपसे बात नहीं करते, जाइए, हटिए, सोने दीजिए।'

कहना नहीं होगा कि पति रात को भी उपवासी ही रहा!'

और अब साग का अन्तिम क़िस्सा।

मैं यूपीएससी का साक्षात्कार देकर इंडिया गेट देखने अपने परिवार के साथ गयी। मेरी बहनें, बाबूजी और दादी साथ थीं। दादी ने शाहजहाँ रोड पर बने घरों को देखकर पूछा, 'इन घरों में कौन रहता होगा?'

मैंने कहा, 'अगर मेरा सिलेक्शन हो गया तो तुम भी एक दिन मेरे साथ इन्हीं में से एक घर में रहोगी।'

दादी मात्र इस परिकल्पना से मन–ही–मन गुदगुदाने लगीं। बुदबुदाकर भगवान से मानता की। मुझे असीसती रहीं।

2008 में जब मुझे पंडारा रोड में एक कोने वाला ब्लॉक में घर अलॉट हुआ तो मैंने दादी को बुलवा लिया।

दादी मेरे साथ रहने दिल्ली आयीं। मैंने उन्हें उस दिन की याद दिलायी जब मैं इंटरव्यू देने शाहजहाँ रोड आयी थी और दादी व बाक़ी सब मेरे साथ थे। इस बार दादी के हाथ भगवान को धन्यवाद देने के लिए फिर प्रार्थना में जुड़ गये।

मेरे साथ दादी मानो एक सपना जी रही थीं। रोज़ सुबह लोधी गार्डन मेरे साथ घूमने जातीं, शाम को पंडारा चिल्ड्रन पार्क में झूला झूलतीं।

जब हम लाल किला और कुतुब मीनार देखकर आ रहे थे तो दादी ने सांग रि ला होटल देखकर पूछा–

'दिल्ली में कुल कितेक कुतुब मीनार हथिन?'

हम हँसते–हँसते लोट–पोट हो गये थे।

गर्व से उनका चेहरा दिपदिपाता रहता। गाँव और रिश्तेदारों से बढ़ा–चढ़ाकर मेरे ऐश्वर्य और रौब की कहानी कहतीं।

गाँव वाले झुण्ड बनाकर मेरे यहाँ आने लगे, कभी कोई इलाज करवाने आ रहा है तो कभी कोई ट्रैंजिट कर रहा है। मेरे घर में कितनों की मुँहदिखाई और सगाई भी हुई। दादी के परोपकार के सामने मेरा आधुनिक प्रैक्टिकल व्यक्तित्व सिर धुनता और दाँत पीसता। पर दादी को कुछ न कह पाती। दादी परम प्रसन्न थीं।

एक दिन दादी ने मेरा ऑफ़िस देखने की इच्छा ज़ाहिर की। जब मैंने इंडिया गेट पर घूमते हुए बताया कि वो जो राष्ट्रपति भवन दिख रहा है, वही मेरा ऑफ़िस है, तो उन्हें विश्वास नहीं हुआ।

'तू, उसके अन्दर बैठती है?'

'हाँ, दादी, तुम्हें दिखाने एक दिन ले चलूँगी। ऑफ़िस के बाहर मेरी नेमप्लेट यानी नाम की तख़्ती भी लगी है।'

'कल ही जाऊँगी तेरा ऑफ़िस देखने।'

शायद वो आषाढ़ का महीना था। विजय चौक के आसपास की क्यारियों में पानी बरसने से निकले खरपतवार और घास साफ़ किये जा रहे थे।

साउथ ब्लॉक के गेट नम्बर 4 के सामने दादी राष्ट्रपति भवन के सामने मुँह करके खड़ी हो गयीं, आँचल सिर पर रखकर प्रणाम किया। मैंने कहा–'दादी, यह मन्दिर नहीं, राष्ट्रपति जी का निवास और ऑफ़िस है।'

'तुम्हारे लिए तो राष्ट्रपति देवता ही हैं, जो तुम्हें अपने यहाँ काम पर लगाये हैं।'

ख़ैर, सिक्योरिटी से निकलकर हम दोनों मेरे केबिन में गये। दीवार पर मेरे नाम की तख़्ती देखकर दादी फिर रोयीं। थोड़ी देर वहाँ बैठकर और फ़ोटो खिंचवाकर दादी ने वापस जाने की इच्छा प्रकट की।

मैंने उन्हें गेट तक छोड़ा और ड्राइवर मंटू को ताक़ीद की कि दादी को घर पहुँचाकर बुबू (मेरी बेटी) को स्कूल से ले आये।

थोड़ी देर बाद मुझे उद्योग भवन एक मीटिंग के लिए जे.एस. सर के साथ जाना था कि मंटू का घबराया हुआ फ़ोन आया–

'क्या हुआ मंटू?'

'दीदी, दादी को पुलिस पकड़कर ले गयी है, हम पंडारा रोड पुलिस स्टेशन से बोल रहे हैं।'

'क्यों, दादी ने क्या किया था?'

'आप जल्दी आ जाओ।'

'दादी से बात कराओ।'

दादी ने बताया कि जाते समय ही उन्होंने देख लिया था कि विजय चौक की क्यारियों में गान्धारी साग बहुत उगा हुआ है। माली लोग उसे घास या खरपतवार समझकर क्यारियों के किनारे उखाड़कर फेंक रहे थे।

वापसी में उन्होंने वहाँ ज़बर्दस्ती गाड़ी रुकवायी। जब कोई माली नज़र नहीं आया तो तार की बाड़ों से होते हुए वे गीली क्यारी में घुस गयीं। उन्होंने पॉलिथिन बैग में साग भरना शुरू ही किया था कि मरदुआ पुलिस ने पकड़ लिया।

कहना नहीं होगा कि पुलिस स्टेशन में कितनी हील–हुज्जत के बाद मैं दादी को छुड़वा पायी!

पर, इतनी बेइज़्ज़ती के बाद भी दादी ने साग का अपना एक्सपिडिशन नहीं छोड़ा।

मुनगा फूल की सब्ज़ी

दादी एक कहानी कहती थीं–एक गाँव में फल से लदा हुआ पेड़ था। एक दिन कुछ ठग वहाँ आये। उनके सरदार ने गाँव के मुखिया से फल तोड़कर खाने की इजाज़त चाही। मुखिया ने सहर्ष बताया कि यह फल का पेड़ राहगीरों और अतिथियों के लिए ही है। सो वे जी भरकर खायें, कोई बात नहीं। पर ठगों का सरदार चालाक था। उसने सोचा कि गाँव के बीचों–बीच यह फल का पेड़ सुरक्षित है! गाँव में बच्चे हैं, आवारा पशु हैं, पर कोई इसके फल को नहीं खाता? ज़रूर कोई राज़ की बात है। यह बात उसने अपने लोगों को बतायी। कुछ सहमत हुए और कुछ फिर भी फल खाने पर अड़े रहे। जिन्होंने फल खाया वे सुबह होते–होते गम्भीर रूप से बीमार हो गये। जिन्होंने नहीं खाया, वे डर से भाग खड़े हुए।

यह कहानी क्या सीख देती है? यही कि, अनजान जगहों और लोगों पर भरोसा नहीं करना चाहिए।

पर सबसे मोटी बात यह कि अनजान पेड़ों के फल–फूल नहीं खाने चाहिए। यह बात दादी हमें सिखाती ही नहीं थीं, इसलिए हम सीख नहीं पाये।

तो हुआ यूँ कि विदेश सेवा में आने के बाद ट्रेनिंग के दौरान हमें केजी मार्ग हॉस्टल, विदेश मन्त्रालय अलॉट किया गया। होली के आसपास का बसन्त ऋतु का समय था जब दिल्ली में सचमुच फूलों की बहार रहती है। दादी और मेरी दो बहनें मेरे साथ रहने आयीं। हम सब सुबह सैर करने निकले और अवाक् रह गये!

आँय, इतना बड़ा मुनगा (सहजन) का पेड़ और फूलों से लदा हुआ! कोई तोड़ता क्यों नहीं?

दादी बोलीं–'इधर का लोग केवल मुनगा की सिटी (फली) की सब्ज़ी बनाना जानता है। ई लोग न तो फूल की सब्ज़ी बनाता है और न बचका और न रोटी। इसलिए फली निकलने का इन्तज़ार कर रहे हैं लोग!'

पर हमारे मन को इन्तज़ार करना दूभर हो रहा था। मुनगा का फूल और छोटे आलू (बेबी पोटैटो) की सब्ज़ी और वो भी अगर दादी पकाये तो मज़ा आ जाये! दादी हर खाना बहुत मन से धीमी आँच पर बनाती थीं। बहुत कम रेसिपी हमें बतातीं। अधिकांशतः उसे रहस्यमय बनाकर रखतीं। एक न एक मसाला हमें कम बतातीं, और हम उनकी तरह सब्ज़ी कभी नहीं बना पाते। इस तरह दादी का एकछत्र वर्चस्व क़ायम रहता।

ख़ैर, उनका कॉम्पटीशन मैया से था, हम बच्चों से नहीं। हमें पका–चुकाकर खिलाना उन्हें पसन्द था। सो दादी ने फ़ैसला किया कि मुनगा फूल को सुबह–सुबह चोरी से तोड़ लिया जाये और मेरे टिफिन में मुनगा छोटे आलू की सब्ज़ी बनाकर दी जाये। सब्ज़ी खिलाकर मेरी सहेलियों, दोस्तों को चमत्कृत किया जाये।

सुबह–सुबह हम एक पॉलिथिन भरकर मुनगा फूल चुराकर ले आये। दादी ने उन्हें साफ़ किया, तोड़ा, चुना। आलू लेने हम एशिया हाउस गये थे। दादी ने बहुत मेहनत से धीमी आँच पर मसालेदार सूखी सब्ज़ी बनाकर टिफिन में भरकर दे दी। उस समय मैं प्रोबेशनर थी और एफएसआई अकबर भवन में था। लंच में हम दो–चार लोग साथ बैठते थे। मैंने बहुत गर्व से मुनगा की सब्ज़ी सबको सर्व की और बताया कि मेरी दादी ने बनायी है। यह झारखण्ड की विशेषता है। यहाँ (दिल्लीवासी) तो सिर्फ़ फली की सब्ज़ी खाते हैं। अल्पना ने सब्ज़ी चखते ही उबकाई जैसा मुँह बनाया। बाक़ी लोग भी थू–थू करते बाथरूम की ओर भागे। मैंने रुआँसी होकर जब सब्ज़ी चखी तो नीम से भी तिक्त कड़वी थी।

सबने पूछा कहाँ से ख़रीदा ये मुनगा फूल? जब मैंने बताया कि यह हॉस्टल के कैम्पस से चुराकर सुबह–सुबह तोड़ा गया है, तो सब ठहाके मारकर हँस पड़े।

'अरे मूर्ख, उस पेड़ की कोई फूल, पत्ती और फली नहीं खाता, बैल–गाय भी नहीं, क्योंकि कड़वा है। कम–से–कम तुम लोग माली से ही पूछ लेते!'

तब समझ में आया कि इतने फूल होने के बावजूद लोग मुनगा फूल क्यों नहीं तोड़ते थे! मूर्ख वे नहीं थे मूर्ख हम थे जो हमेशा साग या फूल चुराने में लगे रहते थे ।

बचपन में सुनी कहानियों से सबक नहीं लेने का यह उचित सबक था!

दादी और गाय

'गोदान' के होरी की तरह उत्तरी भारत के हरेक हिन्दू किसान परिवार की अदम्य इच्छा होती है कि उनके घर में दुधारू गाय हो। गाय भारत के ग्रामीण समाज और संस्कृति का एक अभिन्न अंग है। सो हमने जब से होश सँभाला, हमारे यहाँ बहुत–सी गायों को रहते पाया। बड़े सम्भ्रान्त लोग जैसे यह कहने में गर्व महसूस करते हैं कि वे कुत्तों के साथ पले–बढ़े हैं। ख़ासकर, सम्भ्रान्त महिलाएँ गर्व से कहती हैं–आई हैव बीन ब्रॉटअप विद डॉग्स! वैसे ही मैं विनम्रतापूर्वक यह घोषित करना चाहती हूँ कि मैं गायों के साथ पली–बढ़ी हूँ। भारत की गो संस्कृति में बड़ी हुई हूँ, तो मेरे शरीर से भले ही 'बड़े लोगों' को गोबर की दुर्गन्ध आये, पर यह मुझे पंचगव्य लगता है। बहुत–सी गायों से मेरा परिचय व सामना हुआ पर कुछ बहुत प्रिय हो गयीं। जैसे–घोंची, सैंडी, हेमा, रवीना, मुँदरी और सोना। दादी की सर्वाधिक प्रिय थीं–घोंची और मुँदरी।

अब सबकी कहानी बारी–बारी।

घोंची गैया को ख़रीदने मेरी दादी ख़ुद पूरबी मगहिया मेला गयी थीं। घोंची उस समय गाभिन थी। घोंची का मालिक उसको बेचते समय इतना भावुक था कि बार–बार अपने लोर पोंछता था। दादी के पूछने पर उसने बताया कि इतनी सुलक्षण गाय है कि पूछिए मत। मेरा बेटा सिर्फ़ इसी का दूध पीता है, वो भी धारोष्ण। गैया को लाते समय भी ज़मीन पर पैर पटककर रो रहा था। अब उसका क्या होगा, यही सोचकर दुःखी हूँ। फिर आगे बोला कि यह इतनी सीधी गाय है कि बच्चा भी दुह ले। मारना तो सीखा ही नहीं इसने।

आप भी वचन दें कि गैया को न मारेंगी। मैं तो इसे माँ मानता हूँ। इसकी पैर–पुजाई की मेरी घरवाली ने, उसके बाद ही मेले लाया हूँ।

पर, मेरी दादी तो दुधारू गाय ही ख़रीदना चाहती थीं क्योंकि गाभिन गाय की तो कोई गारंटी नहीं होती कि कितना दूध देगी? कितना ब्यान है? बेचने वाला तो कुछ भी हाँक सकता है! मेरी दादी बहुत काँइयाँ और चालाक थीं। पर पता नहीं क्यों उसे ग्वाले के रोने में और बातों में सच्चाई दिखी। दादी ने तुरन्त छह सौ गिन दिये। हमारे गाँव का भुनेसर ग्वाल घोंची का टघेल पकड़कर मेले से गाँव की तरफ़ ले चला।

पर घोंची टघेल छुड़ाकर उलटे पैर फिर मेले में वापस मुड़ गयी और अपने मालिक का हाथ–मुँह चाटने लगी। वाह! इतना टान! अब रोने की बारी दादी की थी! उन्होंने घोंची के मालिक को निमन्त्रण दिया कि वह भी हमारे गाँव तक चलें। उसका आने–जाने का किराया दे दिया जायेगा। पर वो न माना। उसने घोंची के पैर पूजे। पीठ–गर्दन पर हाथ फेरा और अँगोछे से आँख पोंछता चला गया। बड़ी मुश्किल से घोंची को ट्रक में लादा जा सका!

घोंची के स्वागत का पुख़्ता इन्तज़ाम था। मैंने कौड़ियों की माला गूँथ रखी थी। माँ ने महुआ भिगो रखा था। दादाजी ने अपने हाथों से बरसिम की कुट्टी काट रखी थी। नयी नाँद में साफ़ पानी भरकर रखा गया था। चूँकि गुहाल में बहुत मच्छर थे, घोंची का खूँटा आँगन के कोने में ही गाड़ा गया था!

आख़िर, घोंची जी ने पदार्पण किया। मैया ने उसके पैर पखारे। खाने को गुड़ दिया। दादाजी ने प्रथानुसार हरी दूब का गुच्छा खिलाया। गाँव के गण्यमान्य व्यक्ति गौ माता के दर्शन को आये। किसी ने उसके दिन पूरे होने का अनुमान लगाया तो किसी ने दावा किया कि कम–से–कम चार लीटर से कम दूध नहीं देगी! भुनेसर अलग भाँजने में लगा था कि उसने किस तरह काँइयाँपन दिखाकर गाय को कम दाम में ख़रीदा। मालकिन तो ठग ही गयी थीं। सबको दादी ने गुड़ देकर जल्दी ही विदा कर दिया।

फिर हमारी बारी आयी, घोंची को छूने की और उससे दोस्ती करने की। जहाँ वो बँधी थी उसके ऊपर ही सहजन का पेड़ था। सबसे पहले उसने जीभ से लफाकर नज़दीक की पत्तियों को चरा बाद में मेरी ओर लालसा भरी निगाहें उठायीं। हुक्क–हुक्क करके मुझसे माँगा भी, तो मैं उससे दोस्ती का मौक़ा कैसे चुकती? मैं चट से सहजन के पेड़ पर चढ़ गयी और लगी छोटी टहनियाँ गिराने, उस तक पहुँचाने, उसको चराने! इतना मज़ा आ रहा था कि तभी दादी ने नीचे से एक सोटा खींचकर मारा–

'उतर वहाँ से, जा मर कहीं, पेड़ का नुक़सान क्यों कर रही है?' अब घोंची को आराम करने दो।'

ख़ैर, मेरी दोस्ती घोंची से हो गयी। उसे टहलाना, चराना और रात को चारा–भूसी देना मेरे ज़िम्मे था। दादी का सुपरविजन था ही।

मैंने उसके गले में कौड़ियों की माला जिसमें बीच में एक घण्टी थी, बाँध दी। माँ ने उसे तीन रंग के धागों से गूँथा था।

गाभिन होने के चलते उसे जंगल चरने भेजना उचित न था, सो वह दिन–भर खूँटे से बँधी रहती। हम ख़ुशी–ख़ुशी उसके लिए घास काटकर लाते। टोकरी भर घास हो जाने के बाद हम लोग केड़ी बनाते और टोकरी के ऊपर छतनुमा छा देते, इसको हमारी गाँव की भाषा में छूहा कहा जाता था। कौन कितना तेज़ है, इसका पता इस बात से चलता कि किसका छूहा सबसे ऊँचा है! कहने की ज़रूरत नहीं कि मैं सबसे तेज़ थी! इसका एक कारण यह था कि मैं घास काटते समय हाइजीन का कोई ख़याल नहीं करती थी। गन्दगी, गूह, पखाना या गोबर के ऊपर से भी घास काट लेती! सारी सहेलियाँ और लड़के घिनाते, चिढ़ाते पर मुझे कोई फ़र्क़ नहीं पड़ता था!

मुझे तो फर्स्ट आना था चाहे वह घास काटने में ही क्यों न हो!

मुझे यह बख़ूबी पता था कि गाँव के किस तरफ़ कौन–सी घास मिलती है और घोंची की पसन्द वाली घास कौन–सी है? उसकी स्वीट डिश के तौर पर हम अलग से टीले पर की घास काटते जहाँ

साँप रहते थे। मैंने सिर्फ़ वहाँ केंचुल देखे (काफ़ी लम्बे थे), साँप तो कभी दिखा नहीं।

कभी हम सब किसी के खेत की कीड़े लगी फ़सल ही घास के तौर पर काट लेते। दशरथ भैया (मेरे पड़ोसी) बहुत उदार थे। अक्सर हमें अपने खेत को काटने देते और हम घर आकर फन्ने ख़ाँ बन अपनी बड़ाई हाँकते!

शाम को घोंची को चराने का हुक्म था। यह मेरे दिन के सबसे ख़ूबसूरत दो घण्टा थे। और भी कई लड़के–लड़कियाँ अपने गाय–भैंसों के साथ आते (अधिकतर गाभिन या ब्यायी होतीं)। हम सब अपने मवेशियों को बिशनापुर के तालाब की तरफ़ वाले टाँड़ में हाँक देते और मैदान में फुटबॉल, कबड्डी, बुढ़िया कबड्डी, गाटर (कंचे), सतघरवा गिट्टी खेलते। कभी हम पत्थर (टाँड़ में बहुत बड़े–बड़े चट्टानें और, शायद इसी कारण गाँव का नाम पथरिया पड़ा होगा।) पर लेटकर आसमान में बनते–बिगड़ते बादलों को देखा करते। कभी खरगोश, कभी घोड़े, कभी पहाड़ तो कभी रुई के गोले जैसे बादल यूँ ही बरस पड़ते। हम दो–तीन बच्चे एक ही चूकर या छोपि (पत्तों से बना छाता) में बारिश से बचते और चिल्लाकर गाते :

एक पैसा की लाई
बाज़ार में छितराई
बरखा उधर ही बिलाई।

शाम होते ही घोंची मेरी नज़र बचाकर गाँव का रुख़ धर लेती। जैसे–जैसे वह गाँव के नज़दीक होती जाती उसकी दुलकी चाल दौड़ में बदल जाती। मैं सारा खेल भूलकर उसके पीछे भागती और हम दोनों एक साँस में घर पहुँच जाते!

घर पर उसे मैं ही बाँधती, घास डालती, पुआल का बिछौना कर देती। तब कहीं जाकर मुझे पढ़ने की छुट्टी मिलती। दिनभर की मटरगश्ती से देह थकान से पिरा रही होती! लालटेन के सामने बैठते ही मुझे झुप (नींद की पहली अवस्था) आने लगती।

तभी चाचाजी की एक छड़ी पीठ पर पड़ती—सटाक! और सारी नींद भाग जाती।

चाचाजी मुझे बाशो माय कहकर चिढ़ाते! दादी ने बताया था कि बाशो माय एक भूतनी थी जो झूम—झूमकर सोती रहने का नाटक करती थी और मौक़ा मिलने पर बच्चों को डराती थी!

पढ़ने से ज़्यादा मन मेरा शरारत करने में लगता था। किसी भी बहाने मैं पढ़ने से उठ जाना चाहती!

कभी बहुत से कीड़े—पतंगे लालटेन के गिर्द उड़ने लगते और हमें काटने लगते। मैं ठुनकती हुई दादी के पास जाती और शिकायत करती कि कीड़े हमें पढ़ने नहीं दे रहे! दादी बहुत उदार थीं—तुरन्त कहतीं कि आ जाओ सब बच्चे अब कहानी सुनो, क़ल पढ़ना। बस हम सब दादी के गिर्द जमा हो जाते और एक ही कहानी सुनते—या तो बकरचरवाहा वाली या फिर बनभैंसे वाली। वहीं हमारी सुबह हो जाती!

1989 फ़रवरी—मार्च का महीना था। घोंची गाय को बच्चा होने वाला था। हम सब बच्चे बेहद उत्साहित थे। गाय का जंगल जाना बन्द करवा दिया गया। तेजो मामू (हमारा नौकर) प्यार से गाय को सहलाते, उसकी गर्दन से चीटुआ और अठगोटी निकालते। शाम को उसे सैर कराने टाँड़ पर ले जाते। हम सब हरी घास लाते। मंजू (मेरी बहन) साफ़—सुथरे टीहे पर बैठकर एक टोकरी घास गाय के लिए काटती। मैया तो कौड़ी और फीरोज़ा की टनटनी घण्टी बना रही थीं।

उस दिन गाय कुछ ज़्यादा परेशान थी। सुबह से घास में मुँह न लगाया था। दादी समझ गयीं, आज ही गाय बियायेगी। तेजो मामू को घर के बरामदे में सोने का हुक्म हुआ। हम सब हाई अलर्ट पर थे।

रात एक बजे का समय रहा होगा। मैं सदा की तरह आँगन में बैठी पढ़ रही थी कि गुहाल से भगदड़ की आवाज़ आने लगी। दादी ककहरा लिखते—लिखते सो गयी थीं। मैंने उन्हें उठाया—'दादी उठो, देखो, लगता है, गाय को बच्चा हो रहा है। तभी इतना छटपटा रही है।'

हम दोनों लालटेन लेकर गुहाल के बरामदे में पहुँचे। वहाँ तेजो मामू खर्राटे ले रहे थे। सैकड़ों मच्छर उनको लोरी सुना रहे थे।

दादी ने सोचा, अच्छा है, तेजो सो रहा है। गाय–माय एक समान। बेचारी गाय बहुत लोगों (ख़ासकर मर्द) को देखकर शरमा न जाये।

और खुद लालटेन लेकर गुहाल घर के दरवाज़े पर खड़ी हो गयीं। थोड़ी देर में रोशनी में गुहाल घर का जो दृश्य था वो रोमांचित कर देने वाला था। एक चीता (स्पॉटेड लेपर्ड) गाय की गर्दन को अपने पंजों और दाँत से कुतर रहा था। गाय ख़ून में सराबोर थी और बचने के लिए बाक़ी जानवरों में भगदड़ मची हुई थी। कई तो सहमे और चुप थे। दादी के मुँह से बस एक वाक्य निकला–

'दौड़ो हो लोगो, बाघ आया।'

हालाँकि, चीता भी रोशनी देखकर हड़बड़ा गया। कुछ पल तो वह गर्दन उठाकर हमें देखता रहा, फिर अचानक बिजली की गति से मेरे और दादी के बीच से यों सरककर निकल भागा जैसे कोई बागड़ बिल्ला हो। पलक झपकते ही वह छह फ़ुट से भी ऊँची घोरान (लकड़ी की चहारदीवारी) पार कर यह जा वह जा। उसका वह जादुई छलाँग मुझे कभी नहीं भूलती। उसका शरीर लम्बा था, ऊँचा नहीं। उसमें लोच थी, गति थी और उसकी आँखों से कुछ–कुछ जैसे बिज़ली–सी कौंधती थी। सामनेवाले को कुछ ना समझने की वो दम्भ भरी चाल और पैनी, छेदती नज़र–चीते की चाल और नज़र, इस मुहावरे का अर्थ तब समझ में आया। सीरिया–महूदा का जंगल एक किमी. से भी कम होगा। वह आलू के खेतों से होता हुआ जंगल में गुम हो गया।

इधर, गाय दुहरे दर्द से परेशान। हमने तुरन्त गरम पानी से घाव को धोया। घाव पर नीम का तेल लगाया। मैं तो रो–रोकर बेहाल थी। हमने पंखे से गाय को हवा की तब जाकर उसे राहत मिली। इतनी अकल्पनीय घटना हो जाने और चिल्ल–पों के बावजूद तेजो मामू सो ही रहे थे। दादी ने उन्हें डाँटा और रात में ही ईटखोरी पशु चिकित्सालय से डॉक्टर को लाने भेजा। दूसरे दिन सुबह डॉक्टर की मदद से गाय ने एक ख़ूबसूरत लेरू को जन्म दिया जिसका नाम हमने रखा–सौना।

घोंची गैया मेरे घर लगभग दस साल रही। चार बच्चे दिये, जिसमें दो बाछे और दो बाछी थे। एक बाछा था—काले रंग का कालू। मेरा मित्र, पर—बाप रे बाप, बहुत मरखण्ड और शैतान। वह रस्सी को चबाकर टघेल खोल लेता और अँधेरी रातों में धान खेतों में धान चबाकर चुपचाप गुहाल में खड़ा मिलता। छोटे बच्चों को देखकर फुँफकारता और मौक़ा मिलने पर ढुस देता। हम ज़मीन पर गिरे नज़र आते और वह यह जा वह जा हो चुका होता।

मेरे घर का आँगन पक्के प्लास्टर का था। आम तौर पर गाय—गोरू उस पर चलते तो उनके पैर छितरा जाते पर कालू तो कालू था! वह पैर टेढ़ा—मेढ़ा करके चलते हुए आँगन की तरफ़ आ जाता। उसे कुछ—न—कुछ खाने को मिल ही जाता था। एकाध बच्चे को ढुसता और साग, रोटी या सूखता हुआ महुआ मुँह से लपलप खाकर भाग जाता।

एक बार मैं आँगन में बैठी आटा गूँध रही थी। पिंकी (मेरी चचेरी बहन) खेल रही थी। चाची कुएँ से पानी भर रही थीं कि कालू आता हुआ दिखा। मैं तो अधगुँधे आटे की परात छोड़कर भाग गयी! उसने पिंकी को सींग से मारकर गिरा दिया! तभी उसे परात में आटा दिख गया। आटे के लोंदे को मुँह में दबाये वह आँगन पार कर रहा था कि मैं दूर से चिल्लाने लगी। शायद वह डर गया तो आटा छोड़कर भाग गया। आटे में लार वगैरह लग गयी थी। चाची लकड़ी लेकर मारने दौड़ीं तब तक वो शरारती बच्चे जैसा भागकर दूर से हमें देख रहा था। बाद में दादी आयीं और उसे पुचकारकर बुलाया और बाँध दिया। चाची परात का आटा लेकर आयीं और गुस्से से उसे दे दिया—'लो भकोसो', पर उसे अपमान बर्दाश्त नहीं था और वो गिरे हुए आटे को नहीं उठाता था!—उसने टघेल तोड़कर चाची को पीछे से ढुस दिया। चाची वहीं गिर पड़ीं।

चाची दादी की दुलारी बहू थीं। दादी ने सोटा लेकर कालू को सूत डाला। उसकी पीठ पर वम्प (साँप जैसी लकीरें) उभर आयी थीं। बाद में रात में मैंने उसकी वम्प (लकीरों को) को सहलाया

तो वह रो पड़ा। उसकी आँख से पानी की धार फूट पड़ी थी। घोंची अलग बाँ–बाँ कर रही थी। हमने आटे का लोंदा दोनों को बाँट दिया। मनाने के लिए एक क्रैकजैक बिस्कुट भी खिलाया, तब जाकर वह शान्त हुआ। उस रात को वह बाहर धान चराई के लिए भी नहीं गया। सुबह तक वह सामान्य हो चुका था। हम सब भी स्कूल चले गये।

शाम को जब हम स्कूल से आये और मंटू (मेरा प्रिय कुत्ता) के साथ खेलने निकले तो कालू को गुहाल घर में नहीं पाया। मैं डर गयी कि आज फिर पकड़कर वह पीटा जायेगा।

रात को हम सब लैम्प जलाकर पढ़ने बैठे तो मन नहीं लग रहा था। चाचाजी सिर पर सवार थे, तो भागना भी मुश्किल था। बनाये हुए हिसाब को ही दुबारा बनाकर मैंने चाचाजी के सामने रखा। उन्हें गणित से चिढ़ थी। वे हिन्दी के प्रकाण्ड विद्वान थे। सो गणित में हम एक ही हिसाब तरह–तरह से बनाते और उनको दिखाते। वह बिना देखे ही टिक कर देते। तब हम रसोई से मछली या चबेना लाने का प्रस्ताव रखते! वे तुरन्त मान जाते और फिर हमें पढ़ने से छुट्टी मिल जाती। हम नीचे रसोई में आते और माँ और चाची की गॉसिप में शामिल हो जाते!

उस रात जब मैं नीचे आयी तो रसोई से लगे बरामदे में भुनेसर ग्वाल को बैठे देखा। मेरा कलेजा काँप उठा। भुनेसर तब ही आता था जब किसी गाय–बाछे को बेचना हो। मैंने एक पल में समझ लिया कि कालू को बेचने के लिए ही दादी ने इसे बुलाया होगा। मैं रोते–पीटते दादी के पास फरियाद लेकर पहुँची कि कालू को न बेचो। पर तब तक देर हो चुकी थी। कालू बिक चुका था और भुनेसर अपना कमीशन लेकर बचे पैसे दादी को देने आया था।

मैं कालू के लिए निःशब्द रोने लगी। कल शाम को ही तो मैंने उसे बिस्कुट्स और आटा खिलाया था! वह कितना रो रहा था। तो क्या उसे चिर–बिछोह का आगुन हो गया था। आह कालू, मैं तुम्हें विदा न कर सकी! कैसे और कहाँ हो तुम!

वह कितना बलवान था कितना ताक़तवर! मंटू से लोग डरते थे पर कालू से लोग थर्राते थे। मेरा रक्षक, मेरा चैलेंज, मेरा आवारा मित्र चला गया। मैं लुटा हुआ महसूस कर रही थी। चाची, माँ और दादी से मुझे नफ़रत–सी हो रही थी।

दूसरे दिन कनहरी गाँव से दो आदमी (जिसमें से एक के दो दाँत पटककर कालू ने तोड़ दिये थे और दूसरे को ढुस–ढुसकर पसली की हड्डी डैमेज कर दी थी) कालू को नाथकर ले आये और दादी से पूरा दाम और ऊपर से दाँत लगवाने और पसली की हड्डी जोड़ने के पैसे लेकर चलते बने थे! कालू गुहाल में अपनी जगह पर खड़ा हो गया था और मैं ममता से भरकर उसको टघेल पहना रही थी! सहला रही थी! मंटू पूँछ हिला रहा था!

घोंची गैया बहुत ही सीधी–सादी थी मतलब सचमुच की राम जी की गाय थी। पर उसके सारे बच्चे शैतान थे। जैसे कि मनुष्यों के सन्दर्भ में भी सही है। सीधे–सादे इन्सान के बच्चों को कभी भोला–भाला देखा है आपने?

कालू की कहानी तो कह ही चुकी हूँ। घोंची की एक बाछी हुई– दादी ने उसका नाम मुँदरी रखा। एकदम झक्क सफ़ेद पर लिलार पर एक काला टिक्का, कजरारी आँखें और सुन्दर कामधेनु–सी सूरत। पर उसकी आँतों में घुरपेच था। वह भी बड़ी चोरनी थी। गेहूँ, चावल, आटा, साग, मिर्च कुछ भी चुराकर चर लेती। जब छोटी थी तो माँ के थन से चीटुआ की तरह चिपक जाती। गाय दुलत्ती झाड़ती और ग्वाला पिछाड़ी पर मारता तब कहीं मुश्किल से अलग होती।

जब लगभग साल की हुई तो मुँदरी भी और गायों के साथ चरने के लिए जंगल भेजी जाने लगी। सुबह–सुबह हमारी ड्यूटी थी कि सब गाय--बैलों को गोलका बर तक छोड़ आयें। यह काम हमें बेहद पसन्द था। क़रीब तीन किलोमीटर हम सब उछलते–कूदते चले जाते और गायों का मिलान (दूसरे गाँव की गायों के अड्डे तक पहुँचाना पड़ता था) करवाकर जंगल में गुम हो जाते। कभी सखुआ का दतौन तोड़ लाते तो कभी कनौदे की झाड़ियों से पके कनौदे दोने

में चुन रहे होते। कभी झड़बेरी में से बेर तोड़ लाते (एक बार मेरा दुपट्टा उसी में उलझकर रह गया था) तो कभी खूँखड़ी (मशरूम की स्थानीय प्रजाति) उठा लाते। दादी को हमारे वन–गमन पर हार्दिक ख़ुशी होती थी तो माँ को भयंकर ऐतराज़ था। माँ चाहतीं कि हम भी सभ्य बच्चों की तरह (असल में लड़कियों की तरह) घर में खाना वग़ैरह पकायें या माँ–चाची के दस–बारह बच्चों को पालने में मदद करके उचित ट्रेनिंग लें ताकि भविष्य के रोल के लिए तैयार हो सकें!

उधर दादी परम ख़ुश। तीन किलोमीटर जाकर यह लड़की थकती नहीं! छम–छम नाचती–सी सब भारी काम करती रहती है। स्कूल भी जाती है और गायों से बहुत लगाव है, ऐसा दूसरे बच्चों में नहीं दिखता। यही लड़की मेरा भार हल्का करेगी।

मुँदरी दादी की प्रिय बाछी थी। वह बहुत सुन्दर और स्वस्थ थी। दादी को यक़ीन था कि वह कम–से–कम चार लीटर दूध ज़रूर देगी। फिर दो–तीन महीने के बाद इसे वे मोटे दाम में बेच सकेंगी। मुँदरी शैतान थी, मरखनी थी, पर दादी का मानना था कि जैसे शादी और बच्चा होने से आवारा लड़कियाँ सुधर जाती हैं, वैसे ही बियाने पर मुँदरी सुधर कर अपनी माँ घोंची जैसी हो जायेगी!

ख़ैर, मुँदरी ने पाल खा लिया (गर्भवती हो गयी)। दादी उसका बहुत ख़याल रखने लगीं। सलाहकार भुनेसर को बुलाया कि जंगल भेजें कि छुड़वा दें? भुनेसर ने अपनी क़ानी आँख दबाकर कुछ देर सोचा और मध्यम मार्ग वाला सुझाव दिया कि–मलकिनी, अभी एक–दो महीने तक तो भेजिए, फिर जब शरीर भारी हो जायेगा तो यहीं बिठा देंगे। दादी भी यही चाहती थीं। उन्होंने भुनेसर को हिदायत दी कि उसका अतिरिक्त ख़याल रखे! दादी ने उसके गले में घोंची वाली कौड़ियों की माला के अतिरिक्त एक ठरक भी बाँध दिया। अब उसके गले से घुँघरू जैसी घण्टी के अलावा ठरक की मोटी आवाज़ भी आती थी जो उसे दूसरी गायों से अलग करती थी।

शाम को मेरी यह भी ड्यूटी थी कि सभी गायों की अगवानी पोखर पर करूँ। सारे बच्चे इकट्ठे होते और अपने गाय–बैलों को हाँकते हुए घर आते। भुनेसर ने पोखर तक ही गायों को पहुँचाने की ज़िम्मेदारी ली थी।

ठीक साढ़े पाँच बजे गोधूलि वेला में गायों का गोल टुनुर–टुनुर घण्टी बजाते हुए दौड़ते–उछलते आता। हम अपने गाय–बैल पहचान लेते और उनको छिनगाकर घर ले जाते। अब आश्चर्य लगता है कि इतनी छोटी उम्र में भी हम लोग बड़ी–बड़ी गाय–भैंसों को क़ाबू में कर लेते थे! अब तो सड़क पर खड़ी गाय से भी हम बच्चे समेत डर जाते हैं।

उस दिन सब गाय–बैल घर आ गये सिवाय मुँदरी के! दादी को तो रात–भर नींद नहीं आयी। वह दो–तीन बार गुहाल का चक्कर लगा आयीं कि कहीं रात में मुँदरी आ गयी हो! पर ऐसा नहीं हुआ।

सुबह साइकिल से तेजो मामा को भुनेसर को लाने भेजा गया। भुनेसर ने आकर पहले टमाटर की चटनी के साथ पाँच घोरूआ लिट्टी खायी, पानी पिया, डकार लिया तब खैनी सानते हुए बोला–

'मलकिनी, लगता है वनराज ने उस पर द्रिस्टी डाली है!'

'हाय हाय, ऐसा तुम कैसे कह सकते हो भूनेसर, इस जंगल में बाघ कहाँ हैं?' दादी ने उसकी आशंका पर आशंका की!

'ठीक है मलकिनी, हम चौकीदारों से हाँक पड़वा देते हैं, किसी गाँव में होगी तो मिल जायेगी। आपकी तसल्ली के लिए यह भी सही!'

दादी ने उसे खोजने में आकाश–पाताल एक कर दिया। एक ज्ञानी सगुण करने वाले गृहस्थ का पता चला तो माँ को लेकर वहाँ चली गयीं और उसे खोज निकाला।

बिरनी का खोंधा

बिरनी हमारे यहाँ पीले–लाल बर्र या भौंरे को कहा जाता है। इसका डंक ज़हरीला तो नहीं, पर दर्दनाक होता है। उसके काटने पर ओझा जी के सिखाये हुए मन्त्र के जाप से कम पीड़ा और सूजन होती है और बिरनी रानी भी प्रसन्न होती हैं : (ऐसी मेरी निजी धारणा है)

बिरनी–रानी, बिरनी–रानी
तोरे बिख आग–पानी
जाल गेलू केरा बाड़ी
ताल बिख तू झरनी
फू फू फू फू फू

एक रात को मैं दादी के साथ छत पर उनसे लिपटकर सोयी थी कि लगा कुछ काट रहा है! शायद मच्छर! नहीं यह तो बहुत ज़ोर का डंक था! तो क्या खटमल! नहीं खटमल को तो पीठ में काटना चाहिए न कि मुँह–गाल में!

यही हाल दादी का था। वह बहुत ज़ोर से चिहुँककर उठ बैठीं। बिस्तर झाड़कर देखा तो दो–तीन पीले बिरनी बिस्तर में घुसे हैं और हमें बुरी तरह भँभोड़ डाला है। हमारे रोने–चिल्लाने से बगल में सो रही माँ जग गयीं। बिरनी के काटे का देसी इलाज है–काटे हुए स्थान पर गोबर रगड़ना या ठण्डा लोहा छुआना। सो आधी रात को घोंची गैया का गोबर मेरे मुँह, पीठ–पेट पर मल दिया गया। दादी के भी पैर और बाँह पर बिरनी ने काट खाया था, उनको भी गोबर मलना पड़ा! मेरी नींद फुर्र हो गयी। पूरे शरीर से दुर्गन्ध आ रही थी।

शायद थोड़ा गोबर मुँह के अन्दर भी चला गया था। बड़ा कसैला स्वाद था!

सुबह हमारे मुँह–गाल और शरीर बिरनी काटने से बुरी तरह सूज गये थे। डंक चुभ रहा था। हमें भयंकर दर्द हो रहा था। बुख़ार भी चढ़ आया।

मेरे घर के आसपास गन्ने के खेत थे, फूलों की भी फुलवारी थी। एक चापानल भी था। ये सब बिरनी के बसने और फूलने–फलने के लिए सर्वोत्तम वातावरण बनाते थे! सो, मेरे घर के पिछवाड़े, बरामदे में, और प्रवेश–द्वार पर बिरनियों ने अपने छत्ते लगाये थे और पुश्त–दर–पुश्त रहती चली आ रही थीं।

पर वे इतनी भली न थीं। आते–जाते लोगों को काटती रहतीं। मैं उनका सबसे प्रिय टार्गेट थी।

एक बार परीक्षा के बिल्कुल पहले, दरवाज़े पर बिरनी ने काट लिया था–दायें हाथ में! परीक्षा में मुझसे लिखा नहीं जा रहा था। मास्टर जी के पूछने पर मैंने बताया कि बिरनी ने काटा है। उनको यह बहाना ही लगा और उन्होंने एक छड़ी ऊपर से और जमा दी!

एक बार और, एक पागल आदमी से बचने के लिए, गर्मी की सघन दुपहरी में, मैं घर का दरवाज़ा पीट रही थी कि बिरनी को मेरी आवाज़ अच्छी न लगी होगी इसलिए काट लिया!

पर मैं तो निरीह थी!

अबकी बार उन्होंने दादी से पंगा लिया था, अब उनका हमारे घर में रहना मुश्किल ही नहीं, नामुमकिन था।

दादी ने ग़ुस्से में प्रतिज्ञा की कि जब तक बिरनी के खोंधे (छत्ते) को समूल जलाकर राख न करेंगी, उनको चैन न मिलेगा! और दादाजी तो जोरू के ग़ुलाम! उनसे तो दादी को ख़ुश करने के लिए कुछ भी करवा लो!

आनन–फानन में योजना बनायी गयी। बिरनियों को जलाने और उनके छत्ते को फोड़ने के लिए दादाजी के लिए बोरे का चोगा बनाया गया। क़रीब–क़रीब चुकूर जैसा जो बरसात में बचने के लिए

उस क्षेत्र में ओढ़ लेते हैं। उनके मुँह को ढँकने के लिए बोरे से एक मास्क भी बनाया गया जिसमें सिर्फ़ आँख के पास छेद थे।

दादाजी ने सन (पटसन) लपेटकर उसको केरोसीन तेल में डुबाकर एक मशाल बनायी जिससे छत्ते को फोड़ना और बिरनियों को जलाया जाना था।

अब हमें शाम होने का इन्तज़ार था। मैंने अपनी मित्र–मण्डली को सूचित कर दिया था और सबको बिरनी जलाने का लाइव प्रसारण देखने को आमन्त्रित भी कर लिया था!

निश्चित समय पर दादाजी का दस्ता चला। दादाजी ने बोरे का मास्क और चोगा पहन लिया था और वे बेहद डरावने और फनी लग रहे थे। हम बच्चे उन्हें देखकर हँसने लगे। दादी ने हमें डाँटकर चुप कराया।

तेजो मामू ने उन्हें मशाल दी। दादाजी ने ढिबरी से उसे रौशन किया। फिर बिरनी के छत्ते की ओर बढ़े। लेकिन बिरनियों को भी उनके आने की ख़बर हो चुकी थी। वे ज़ोर–शोर से गुंजार करती हुई मँडराने लगीं, सबको काटने लगीं। दादाजी को भी शायद हाथ पर काटा (जो चोगे के बाहर था और उस हाथ से उन्होंने मशाल पकड़ रखी थी)। हड़बड़ी में मशाल उन्होंने छत्ते से ज़रा ऊपर लगा दी। (ऊपर दुछत्ती पर पुआल और गायों के खाने के लिए चरी–भूसा और कुट्टी स्टोर किया जाता था)।

बस क्या था, पुआल में चिनगारी! फूँस में मशाल! आग लग गयी!

आग ने तुरन्त दुछत्ती से होते हुए पूरे घर के पिछले हिस्से को चपेट में ले लिया। आग की लपटें गुहाल घर में जा घुसीं। बैल–गाय तपिश से छटपटाने लगे।

दादी चिल्लाने लगीं–आग–आग, अरे कोई दौड़ो, लक्ष्मी (गाय–बैल को हमारे यहाँ लक्ष्मी माना और कहा जाता है।) को बचाओ।

तेजो मामू ने जान की परवाह किये बिना गुहाल से गाय–बैलों को बन्धन खोलकर मुक्त किया और बाहर हाँक दिया।

उधर दादी पागलों की तरह चिल्लाये जा रही थीं–आग–आग, दौड़ो, बचाओ।

हम भी उनके साथ–साथ गुहार लगाने लगे–आग–आग, दौड़ो, पानी लाओ!

उस आग में ढेर सारा अनाज, लकड़ी और उससे बना फ़र्नीचर, गुड़ की हँडिया, दुछत्ती पर रखे कण्डे और उपले, ढेर सारी रस्सियाँ और दादी के बनाये पचासों झाड़ू जलकर राख हो गये थे!

गाँव के लोग दौड़ते हुए आये। सबने मिलकर पानी और बालू–मिट्टी से लगभग एक–डेढ़ घण्टे के अथक प्रयास के बाद आग पर क़ाबू पाया।

दूसरे दिन बिरनियाँ जहाँ की तहाँ मौजूद थीं। उनके छत्ते व गुंजार दादी को मुँह चिढ़ा रहे थे!!

हाँ, मैंने दादी को सच नहीं बताया...

आज होली थी। हाँ, याद आया आज दस मार्च है। 2012 में आज ही के दिन मेरी दादी का देहान्त हुआ था। वह बहुत दिनों से अग्नाशय के कैंसर से पीड़ित थीं।

दादी मेरी इमोशनल ऐंकर थीं, मेरी झूठी–सच्ची कहानियों की एकमात्र श्रोता। उन्हें कभी शक नहीं होता कि मैं झूठ भी बोल सकती हूँ और इसी का फ़ायदा उठाकर मैं बहुत लम्बी–लम्बी हाँकती। दादी ठुड्डी पर हाथ रखे मेरे हर एक कथन पर मुंडी हिलातीं।

आख़िरी दिनों में दादी मेरे घर ही रह रही थीं। बाबूजी का देहान्त हो चुका था। दादी उस समय पित्त की नली की बाईपास सर्जरी करवाने के लिए पीजीआई लखनऊ में एडिमट थीं। इधर उनका ऑपरेशन सफल हुआ, उधर ख़बर आयी कि बाबूजी नहीं रहे।

मेरे घर के लिए यह सबसे कठिन समय था। मेरे पति और बहनें दादी को छोड़कर टाटानगर जाने वाले थे। दादी को नर्सों के भरोसे छोड़ दिया गया।

मैं बाबूजी की दुःखद ख़बर सुनते ही काठमाण्डू से फ्लाइट लेकर दिल्ली आ गयी और वहाँ से हम सब साथ राँची के लिए फ्लाइट से रवाना होने वाले थे। यह एक लम्बी दुःखद कथा है जो अभी भी मेरी आँखों को नम कर देती है। वह फिर कभी...

दादी जब बेहोशी से उठीं तो मेरे निर्देशानुसार, बाबूजी की मृत्यु के बारे में उन्हें कुछ नहीं बताया गया। पर नर्स ने बताया कि

उस दिन दादी अपने आप बेहोशी में ही बहुत रो रही थीं। अनपढ़ दाइयों के अनुसार वह एक माँ के लिए 'कोख उजड़ने' की पीड़ा थी। शायद एक माँ अपने बच्चे से ताउम्र इतनी जुड़ी रहती है कि नीमबेहोशी के अवचेतन क्षणों में भी पुत्र के साथ होने वाली अनहोनी को भाँप लेती है।

जब हम लोग दस दिन के उपरान्त बाबूजी के अन्तिम संस्कार और श्राद्धकर्म के बाद वापस आये तो दादी ने मुझसे मेरा हाथ पकड़कर पूछा था–

'बाबु (बाबूजी) कैसा है?'

मैंने कठिनाई से एक्टिंग कर उन्हें ज़ोर–ज़ोर से बताया कि– 'बाबूजी ठीक हैं–उनके पैर में घाव हुआ है (झूठ) और बम्बई में हॉस्पिटल में हैं।'

दादी मुझ पर आँख मूँदकर विश्वास कर लेती थीं। उन्हें सान्त्वना मिलती थी कि बाबूजी ठीक हैं (जीवित हैं)।

मैं हमेशा उनसे झूठ बोलती रही कि बाबूजी बीमार हैं, चलने से लाचार हैं पर ठीक हैं। सबने मुझे लताड़ा कि यह झूठ बोलकर मैं महापाप कर रही हूँ। मुझे उन्हें धोखे में नहीं रखना चाहिए और बता देना चाहिए कि उनके प्राणप्रिय पुत्र अब इस दुनिया में नहीं हैं।

स्वयं मेरी माँ अपनी सूनी माँग और कलाई लेकर जानबूझकर दादी के सामने बैठ जातीं और सुनाकर कहतीं–

'इनको दिखायी नहीं देता मेरा सूना माँग और सफ़ेद साड़ी? तेरे बाबूजी ने तो इनका मोतियाबिन्द का ऑपरेशन कराकर नया लेंस लगवाया था जिससे ये बालों से जूँ तक निकाल सकती हैं, चावल से कंकड़ बीन सकती हैं, तो उन्हें मेरा विधवा का वेश दिखायी नहीं पड़ता! जानबूझकर बुढ़िया अनजान बनी हुई है। अभी और न जाने कितना जियेगी।'

माँ को मैं जबरन खींचकर दूर ले जाती। दादी मुझे टुकुर–टुकुर देखतीं पर कुछ नहीं बोलतीं।

कभी–कभी उन्हें मेमॉरी लॉस हो जाता। मुझसे पूछतीं–'कौन हो तुम?'

तब मैं समझाती–'तुम्हारे दो बेटे हैं न, मैं तुम्हारे बड़े बाबू की बड़ी लड़की हूँ।'

'अच्छा! तुम अंजू हो?'

'हाँ दादी!'

पर मैंने यह पाप (अगर यह पाप है तो) किया। उन्हें अन्त तक नहीं पता चलने दिया कि बाबूजी उनसे पहले ही स्वर्ग सिधार चुके हैं। क्योंकि, दादी की जर्जर याद्‌दाश्त को कुरेदकर प्राणान्तक व्यथा देने का क्या तुक?

दूसरा कारण कि गाँव वाले चाहते थे कि दादी बाबूजी की अर्थी पर करुण विलाप करें–छाती पीटें और बीमारी की वजह से जल्दी ही मर जायें! यह सीन मंचित नहीं हुआ इसलिए उन्हें हार्दिक अफ़सोस था। मैं दृढ़ प्रतिज्ञ थी कि मुझे हर हाल में दादी को इस चरम दुःख से बचाना है। मुझे मिसाल प्रस्तुत करनी ही होगी। उस रूढ़ि को तोड़ना ही होगा कि रोगी–जर्जर विक्षिप्त माँ को क्यों ज़रूरी है कि उसे पुत्र की अर्थी और मृत शरीर देखना ही पड़े! नहीं, मैं ऐसा नहीं होने दूँगी–कदापि नहीं।

मैंने अपने पति, ससुराल, माँ, मायके, गाँव और समाज यहाँ तक कि दादी के अन्तिम समय में शान्ति पाठ करने आये पण्डित जी से भी पंगा लिया। पर मेरे इस झूठ के लिए मुझे कोई अफ़सोस नहीं है। दादी इस सन्तोष में मरीं कि उनके दोनों पुत्र सही–सलामत हैं। किसी माँ के रहते पुत्र की मृत्यु कितनी भयावह है! मैं इसे बख़ूबी जानती थी।

दादी मेरी मित्र थीं, हमराज़ थीं, माँ थीं, सलाहकार थीं और सबसे बड़ी पार्टनर–इन–क्राइम थीं। मुझे पता है कि दादी को जब ऊपर जाकर बाबूजी मिले होंगे तो दोनों मिलकर मेरी इस चालाकी भरे झूठ पर ख़ूब हँसे होंगे–बड़े गर्वित हुए होंगे। दादी तो हर बात में मुंडी हिलाती होंगी। दादी और बाबूजी–दोनों मेरी जी–भर बुराइयाँ कर रहे होंगे।

जैसे बाबूजी के निधन पर दादी अचेतन होकर भी रो रही थीं– आज मेरी आँखें अनायास बरस रही हैं। दादी, मैं तुम्हें बहुत याद करती हूँ। अपना और बाबूजी का ख़याल रखना। हम सब पर अपना आशीर्वाद बनाये रखना।

मिस यू ममा (दादी)।

भगवान शिव

बचपन से ही मेरे सपने में अक्सर भगवान शिव आते हैं। उस समय पता नहीं था कि साँपों का सपने में दिखना फिर एक आदमी का उन साँपों को पहन लेना और मेरा उसके पीछे–पीछे जाना भगवान शिव की भक्ति है। जब दादी ने पण्डित जी को पूछा तो उन्होंने इस सपने को डिसाइफर किया कि भगवान शिव की इस पर दृष्टि है, सो बच्ची को सोमवार व्रत करवाइए। मैं सातवीं कक्षा में थी।

उस दिन से लेकर अब तक भगवान शिव की आराधना कर रही हूँ। सोमवार का व्रत भी तब से कर रही हूँ। भगवान ने सचमुच मुझे इतना दिया है जितना मैं डिज़र्व नहीं करती थी। कैसे? तो सुनिए :

जिस लड़की की शादी बारह वर्ष की उम्र से तय की जा रही हो, फिर भी सत्ताईस वर्ष तक उसकी शादी नहीं करवायी जा सकी। शिव कृपा से ही, तमाम प्रयासों के बावजूद किसी–न–किसी तरह सारे रिश्ते कटते चले गये और लड़की पढ़ती चली गयी। लड़की को भी शादी करने का बहुत शौक़ था। हर बार नयी साड़ी और गहने चाव से पहनती और मुँहदिखाई के लिए तैयार हो जाती। कई बार स्टूडियो जाकर फ़ोटो खिंचाती। पर सब बेकार! कोई रिश्ता न जमता।

मुझे सपने में अक्सर शिव के दर्शन होते हैं। सपना देखती हूँ कि श्मशान घाट में कई चिताएँ जल रही हैं। एक लम्बा काला नंग–धड़ंग आदमी त्रिशूल लेकर चिताओं को कुरेद रहा है। मेरा हाथ पकड़कर चल रहा है। बीच–बीच में कटोरे से कुछ पीता जा रहा है।

पर मुझे उससे डर नहीं लगता। उसके स्पर्श में फूलों की छुअन है, कोमलता है।

मुझे वह आकाश–मार्ग से कहाँ लिए जा रहा है? मैं आँखें मूँदे बस उड़ रही हूँ। ऊपर हिम धवल शिखर हैं, मैं उड़ती जा रही हूँ जैसे मैं नेपाल के माउंटेन फ्लाइट के कॉक पिट में बैठकर एवरेस्ट के ऊपर से उड़ रही हूँ। वह आदमी बस मुस्कुराता है–जानलेवा है उसकी मुस्कान। एक ऊँचे पर्वत शिखर पर उसका घर है। उसकी पत्नी है, बच्चे हैं, बहुत से पशु–पक्षी हैं। सब पूजा की तैयारी कर रहे हैं।

ढेर से कनेर फूल मेरे सामने रखे हैं। मेरे हाथ ख़ुद–ब–ख़ुद माला बनाने लगते हैं।

अरे, वह आदमी तो राजा है। सर्वशक्तिमान है। इच्छाधारी है। भोलेनाथ हैं। वह आकर मेरे सामने बैठ जाते हैं। मैं अधूरी कनेर की माला उनके गले में डालना ही चाहती हूँ कि उनके गले में लिपटा शेषनाग फुँफकारकर मुझे डस लेता है।

मैं 'साँप–साँप' चिल्ला उठती हूँ।

दादी मुझे झकझोरकर उठाती हैं। मैं पसीने से नहा गयी हूँ। शरीर काँप रहा है। दादी मुझे अपने से चिपकाकर पूछ रही हैं–'कोई सपना देखा, बेटी?'

मैं अँधेरे में आँखें फाड़कर देखती हूँ। ऊहूँ कहाँ हैं भोलेनाथ, वो औघड़ जो अभी मुझे उड़ाये ले जा रहा था। सपना ही होगा।

मैं सोने का प्रयत्न करती हूँ।

नींद में फिर से वही आदमी मुस्कुराते हुए पूछ रहा है–'डर गयीं!'

'नहीं, मैं नहीं डरती!'

'तो चलो, आज तुम्हें केदारनाथ दिखाता हूँ।'

वह फिर मेरा हाथ पकड़ते हैं, मैं उनके साथ हवा में उड़ रही हूँ या तैर रही हूँ, पैराग्लाइडिंग जैसा लग रहा है। सारा संसार नीचे दिखता है।

मेरे गाँव का बट बाबा कितना बौना लगता है?

वह रहे तारा आहर पर के दोनों जुड़वाँ ताड़ के पेड़! अच्छा तो मैं इटखोरी वाले रूट से जा रही हूँ।

वह आदमी कहता है–'तुम मेरे साथ रहो न! मुझे तुम अच्छी लगती हो! मैं तुमसे प्रेम करता हूँ।'

'मैं तो सदा–सर्वदा से आपसे प्रेम करती हूँ। सपने में आपका इन्तज़ार करती हूँ। मैं तो आपकी हूँ चाहे आप मुझे भक्त मानें, प्रेमिका, बेटी या दासी। बस मैं आपके साथ रहना चाहती हूँ।'

'मैं तो सबके भीतर हूँ, सब प्राणियों का सृजन, कल्याण और विनाश मैं ही करता हूँ। मैं ही पुरुष हूँ, स्त्री हूँ, प्रेम भाव हूँ, अभाव हूँ, परमपिता हूँ, प्रेमी हूँ, शिशु हूँ, मित्र हूँ, शत्रु हूँ। जिस भाव से चाहोगी, मैं तुम्हारे सामने आ जाऊँगा, प्रकट हो जाऊँगा।'

'ये वचन भूलिएगा मत, स्वामी!'

'एवमस्तु!'

सुबह दादी ने पण्डित जी को बुलाया और मेरे रोज़–रोज़ के डरावने सपने का निदान पूछा। पण्डित जी ने सोलह सोमवारी करने की सलाह दी।

यह मैंने क्या देखा! 'यह पण्डित तो शिव है, तो भगवान शिव कह रहे हैं कि मैं सोलह सोमवारी करूँ।'

'जो आज्ञा स्वामी' मैं मन–ही–मन भगवान शिव को प्रणाम करती हूँ।

आज से मैं आपके इस व्रत को उठाती हूँ। जब तक आप चाहेंगे, मैं सोमवार का व्रत करती रहूँगी।

बस एक प्रार्थना है कि मेरे सपनों में आकर मिलना बन्द न करें।

यह एक प्रेमिका का आग्रह है, प्रेम निवेदन है। लोग मुझे पगली समझते हैं! उन्हें क्या पता जिसे शिव मिलने आते हों, उस ख़ुशी को सँभालना कितना मुश्किल है। मैं ख़ुशी से पागल हो रही हूँ।

सोमवार को बालू का शिवलिंग बनाती हूँ, धतूरे के फूलों की माला से सजाती हूँ! पर सब निर्जीव–सा लगता है। कहाँ हैं भगवान?

मुझसे वादा करके नहीं आते। मैंने निर्जल उपवास रखा है और उन्हें परवाह ही नहीं। मैं मन–ही–मन उनसे रूठ जाती हूँ।

आज सपने में आयेंगे, तो मैं बात नहीं करूँगी।

सपने में वे पूरी सज–धज के साथ मौजूद हैं। माथे पर चाँद चमक रहा है। गले में शेषावतार, हाथ में त्रिशूल, अरे यह तो वही माला है पीले धतूरे के फूलों वाली, जो मैंने बालू के शिवलिंग पर चढ़ाई थी।

'तो आप आये थे?' मैं आश्चर्य से पूछती हूँ।

'तुम बुलाओ, तो कैसे न आऊँ!' वे मन्द–मन्द मुस्कुराते हैं। मोहिनी मुस्कान, जो किसी की भी जान ले सकती है।

'पर मुझे क्यों लगा कि आप नहीं हैं, सब कुछ बेजान–सा लग रहा था!'

'मैं तो हर जगह मौजूद हूँ, सर्वव्यापी हूँ, सारे संसार को एक साथ देख सकता हूँ, महसूस कर सकता हूँ। तुम भूख से व्याकुल हो गयी थीं, इसलिए मुझे देख नहीं पायीं। मैं भौंरा बनकर बैठा तो था फूलों के बीच में।'

'क्षमा कर दें, प्रभु। मैंने आप पर अविश्वास किया, ग़ुस्सा किया, आपसे रूठ गयी।' मैं धारों–धार रोती हूँ।

'तुम्हारी भक्ति, तुम्हारा ग़ुस्सा, तुम्हारा प्रसाद, माला, सब कुछ मेरा है, जब आस्था का पात्र मैं हूँ तो अनास्था लेगा कौन?'

मैं मचलकर शिव के गले लग जाती हूँ, निश्चय ही, सपने में!!

ॐ नमः शिवाय!

मेरा ग्रामीण जीवन संगीत

मुझे गीत–संगीत का बचपन से ही शौक़ था। गाँव में हर सोमवार की शाम को मन्दिर (मेरे घर के बहुत नज़दीक) में चैता, फागुन या होरी–और बीच–बीच में भजन गाये जाते थे। गाँव के काका, भैया और सरंगी लोहार (सही नाम जागी लोहार) मिलकर समाँ बाँधते और पढ़ते–पढ़ते हम लोगों के कोमल मन पर उन गीतों की छाप उतरती जाती।

जैसे :

सब दहिया चुहुर–मुहुर खा गयो
रे यशोदा के ललनवाँ

या फिर :

दशरथ के चारी ललनवा अँगनवा में खेलें...

फिर थोड़ा श्रृंगार रस कानों में घुलता :

चूड़ियाँ ले आयिहा सैंया छोट छोट रे सैंया नरमी कलाइयाँ

फिर वीर रस की बारी आती :

आल्हा ऊदल लड़इया हो,
सबसे बड़े लोरिक जे भारे

फिर पत्नी की शिकायत को शब्द दिये जाते :

सौतिनि के देलहा नथुनियाँ जो पिया
तो जानव जिया...,

फिर बिरहा गाये जाते :

बारह ए वारिस पियवा एलौ परदेशिया
से लेके ऐतय ना हरियल सुगवा जी लेके आइते ना...,

फिर तुलसीदास को गोहारा जाता केवट बनकर :

केवट कहता है रघुवर
से उतराई ना
लूँगा हे भगवान...
मैं नदी–नार का केवट हूँ तुम भवसागर के
मालिक हो–3
केवट कहता है–

लड़कियाँ/भाभियाँ भी कम न थीं। किसी–न–किसी बहाने गाने का प्रोग्राम बन ही जाता। मन्दिर के बगल में झमड़ा (सार्वजनिक झोंपड़ी) था। हमारा भादों–आश्विन महीना झमड़े के लिए रिज़र्व था। कृष्ण जन्माष्टमी से जो हम नाचना शुरू करतीं तो आश्विन में जितिया के रात तक झमड़ा गुलज़ार रहता। हम बेटियों की देखा–देखी भाभियाँ, चाचियाँ, माँएँ सब नाचने आ जातीं। आधी–आधी रात तक हम सब नाचते गाते।

जन्माष्टमी के बाद करम पर्व आता। इसमें बहनें बरसात में मायके आ जाती हैं। भाइयों की लम्बी आयु के लिए भादों एकादशी के दिन उपवास करती हैं। भाई जंगल से करम वृक्ष की डाली लाकर अखाड़े में गाड़ देते हैं। उस पेड़ के चारों ओर गोला बनाकर बहनें नाचती हैं :

करमा–करमा ही रहलू अगोर हे ताइयों नाहीं
करमा जगालय हमार हे ताइयों नाहीं
जौन दिना जन्मला; भैया हमार हे वहीर दिना
करमा जागल; हमार हे वहीर दिना

हमें कम–से–कम हज़ार गीत आते थे। गाँव के भैया लोग हमारे गीत सुनने के लिए नीम के नीचे बैठे रहते या दशरथ भैया की दुकान पर। जिस भाई का नाम हमारे गीत में न आता वो उदास हो जाता और अगले दिन टोकता या अपनी नाराज़गी ज़ाहिर कर देता, पर हम ऐसा कम ही होने देते। नाच दो टोलियों के बीच होता। एक टोली गाँव के चौधरी घर से तो दूसरी टोली पाण्डे टोले से नाम लेकर आखर उठाती जातीं। अन्त में 'साभे भैया' कहकर गीत का उपसंहार

कर दिया जाता। करमा के बहाने जहाँ बहनें अपना बचपन जी लेतीं वहीं भाभियाँ गीत के बहाने अपने सास, ससुर व दूल्हे के प्रति सारा ग़ुस्सा और भड़ास निकाल देतीं :

सासु मोरा आन्धरि बोलय तिखा बोलियाँ हो रामा
कभु भैया मोरा आयिता लेवनवा हो रामा

कभी सती धोबन द्वारा राजा बेटा को धोबीपछाड़ दिया जाता तो कभी बेंग को कबिलास (यमलोक) भेज दिया जाता। कहीं बाँझ माँजैर की सिसकियाँ होतीं तो कहीं स्वाभिमानी बहन (जिसके भाई ने उससे शादी करने जैसा वचन भरा था) की आत्मपीड़ा भरी मौत। कहीं सौतन को झोंटा पकड़कर पीटने की धमकी और अपने को उच्च सिद्ध करने की बेताबी रहती। कहीं राजा दूसरी शादी करके पहली रानी से प्रतिशोध ले रहा होता तो कहीं किसी रानी या उच्च कुल प्रोषिता को मालिन बेटी से ही ख़तरा रहता। कहीं सास और ननद के घर को ढहाने के लिए देवी को आँधी–तूफ़ान का रूप लेने के लिए चरक बकरा क़बूला जाता तो कहीं कास का फूलना भैया के बुलावा लेकर आने की आहट लगता।

कहीं तो बहू ख़ुद ही बड़िहर (लतर से बनायी गयी टोकरीनुमा नौका) पर बैठ मायके जाने को तत्पर रहती क्योंकि उसका भाई राष्ट्रीय स्तर का तैराक है, अपनी बहन को छान ही लेगा, डूबने नहीं देगा।

रिश्तों के अलावा करमा के गीत के माध्यम से हम रोज़मर्रा के जीवन को भी जीवन्त बना देते। एक गीत में मुशहर टोली की औरत बड़े घर की बेटी पर इल्जाम लगाती है कि उसने बुरी नज़र से उसके घोरान पर लटके न सिर्फ़ झींगी और करेले को नष्ट किया है बल्कि उसकी छोटकी पतोहु को भी बाहर की हवा लगा दी है :

क्यों? बड़ घर के बेटी लीग गली घूमो गेल हे
काहे गे नोनी काहे ऐसन काइला
झींगा से करेला नाइश देला
छोटकी पूतहिया के नाइश देला

एक गीत मैं अक्सर गाया करती। जिसका सार यह है कि बेटी को प्यार हो गया है और अप्रत्यक्ष रूप से माँ को बताती है। तर्क–वितर्क चलता है और बेटी ससुराल जाने से मना कर देती है क्योंकि उसका मन एक योगी (प्रेमी) से लग गया है।

एक और गीत में मैना को उसका पाहुना (दूल्हा) ढूँढ़ने में बहुत दिक़्क़त और देर हो जाती है। इतनी देर कि इधर मैना के भाँवर पड़ते हैं, उधर उसकी अवैध सन्तान जन्म लेती है। मैना को कर्ण की तरह उसे फेंकना नहीं पड़ता क्योंकि मैना के सरल आदिवासी समाज में जैविक पिता से ज़्यादा महत्त्व उसके सामाजिक पिता का है और वह इतना क्रूर नहीं। जब कहार लोग विरोध करते हैं कि तीन जनों को ढोना उनके लिए भारी हो सकता है, तब तक, पाहुना आगे बढ़कर उन्हें ढाढस बँधाता है कि ज़रूरत पड़ने पर वह खुद कहार बन सकता है। अपनी जान रहते वह मैना और नुनु पर कोई आँच नहीं आने देगा।

मतु रो कहरवा
मतु हँस बजानियाँ
रे मधुवन में
बापे–पूते बनब कहरिया
रे मधुवन में

कितने सरल गीत, कितने सरल भाव और कितनी सरलता से हम जीवन की गूढ़ परेशानियों का हल ढूँढ़ लेते थे।

आज के गीतों में अर्थ तो हैं, पर मधुरता नहीं। आज के फ़िल्मी गीत हमें शहरी बनाते जा रहे हैं और हम आदिम भावनाओं से दूर होते जा रहे हैं।

मैं किसी को भी बताती हूँ कि मुझे गाँव के कम–से–कम हज़ार गीत आते हैं तो वह उतना ही अचम्भित होता है जैसे कि सतपुड़ा के घने जंगलों में किसी अंग्रेज़ी मेम को किसी भील से ब्याह करते देख लिया हो।

अब करमा की सात्विकता, प्रासंगिकता और माहौल सिमटते और खोते जा रहे हैं। हमें भी कहीं–न–कहीं हिचकिचाहट होती है कि इन गीतों को लिपिबद्ध कैसे करें, कैसे इन्हें गायें :

भादों कर एकादशी करम गड़ाय रे!
ऐ हे भाई अखरा में झुमरी मड़ाय!!
सउबे तो छैला छोड़ा माँदर बजाय रे!
ऐ हे भाई परवतिन बहिन जावा के जगाय रे!!
कोई गावय आगे आगे कोई तो घेराय रे!
ऐ हे भाई करम दिना मन हरसाय रे!

कई नक़ली और भड़काऊ करमा गीतों के वीडियो भी देखे हैं जो पैसे कमाने के लिए बनाये गये हैं, धरोहर बचाने के लिए नहीं। करमा गीत गाने के लिए वाद्य यन्त्रों की ज़रूरत नहीं, संगीत के शास्त्रीय ज्ञान की ज़रूरत नहीं, न ही भोंडे तरीक़े से नाचने की। यह तो एक प्राकृत गान है–सरल ग्रामीण बालाओं के कोकिल कण्ठों–मोटा, पतला, खरखरा–सब तरह के सुर मिलकर सुरीली समवेत संगीत की सृजना करते हैं। करमा और इसके गीत भारत की लघु परम्परा का अभिन्न अंग हैं, और इसके क्षीण होते जाने के बावजूद, इसके विलुप्त होने के आसार कम हैं। मैं पर्याप्त आशावान हूँ। हाँ सोशल मीडिया के कारण ज़रूर हमारे कुछ गाने तोड़–मरोड़कर चोरी कर लिए जायेंगे। कुछ लोग अपनी रोटियाँ सेंकेंगे, कमायेंगे। इन गीतों को अपनी मौलिक रचना कहेंगे, पर वे रहेंगे उन आदिवासी और ग्रामीण लड़कियों की आत्मा की आवाज़ ही जो मायके में ही बसी हैं–चाहे वो स्कॉटलैंड ही क्यों न चली जायें।

गाँव के उत्तर भरी उपरैले
भौरा हे–2
लग गेलय सिन्दूर के गाछ भौरा–2
से सिन्दूर पिनहतीन बहिन साभे हे
जनमो–जनमो ओ अहिवात भौरा
जनमो–जनमो अहिवात भौरा।

गाँव के अखाड़े में ये गीत धूम से गाया जाता। दो टोलियाँ बनतीं। एक टोली गीत के आखर उठाती तो दूसरी टोली उसे समवेत मधुर धुन में दुहराती। साथ ही आदिवासी लड़कियाँ गोल–गोल नाच नाचती चली जातीं। तक़रीबन सबकी शादियाँ हो चुकी थीं। सब इस गीत में अपना नाम आने की प्रतीक्षा करतीं, फिर नाम आते ही लरज जातीं, छुई–मुई की तरह शरमा जातीं। तब, मैं तो कुँवारी थी। दसवीं में पढ़ रही हूँगी। उन कुँवारे दिनों में इस गीत के गाने में सभी शादी–शुदा बहनों का नाम लेकर गाने में बहुत मजा आता। बहनें शर्मातीं तो हम और ज़ोर–शोर से कड़ियाँ दुहराते। पर, कभी–कभी खोया–खोया सा भी लगता। दूसरे प्रेमगीत गाने का मन करता। छायावाद हम पर छाया हुआ था। रहस्यमय प्रेम और प्रकृति से एकाकार हो जाने वाले गीत एकाएक गले से फूट पड़ते। जैसे–

कहवाँ के राजा बेटा पोखरा खण्डेले हो लाल
कहवाँ से 'रानी बेटी' फूल लोढ़े ऐलय हो लाल।
झर–झर झरलय चम्पा फूल हो लाल
राजा बेटा उठिलाय चहाई हो लाल।

इस गीत में हम ख़ुद को रानी–बेटी (राजकुमारी) मान लेते और मन कहीं सुदूर राजकुमार में खो जाता। काश एक पोखर पर लाल गुलाबी फूलों के पेड़ तले कोई मुझे देखकर चौंक–चौंक पड़ता।

आज जब चरागाहों की मेंड़ पर चेरी ब्लॉसम की क़तारें देखती हूँ, और वैसे ही फूलों का झरना देखती हूँ तो बरबस ही वो दिन याद आ जाते हैं। वे मीठे, सपनीले दिन। वे फूलों से भरी गीतों की कड़ियाँ और उन्हें गुनगुनाती मेरी मासूम आदिवासी सहेलियाँ। काश, मैं उन गीतों के बिम्ब उन्हें आज दिखा सकती। काश, एक बार फिर मैं लौट सकती उन दिनों की ओर, बनफूलों की ओर और उन वनदेवियों की ओर जिनके सम्मान में किसी अनाम कवि ने इन सरल मीठे गीतों की रचना की होगी।

गर्मियों में शादियों का मौसम आता। अमराइयाँ, स्कूल के बरामदे, सामुदायिक भवन सबकी सफ़ाई–पुताई की जाती। पुरइन के फूल,

हाथी–घोड़े, दोहे और चुटीली गालियाँ दीवारों पर अंकित होते। एक शेर था :

सीसी भरी गुलाब से सीसी चटक गयी–
जीजाजी के मूँछ से चुहिया लटक गयी।

हर जगह मेरी बुलाहट रहती। उन दिनों मेरी डिमांड 'वेल्कम टू सज्जनपुर' के हीरो की तरह रहती। मैं कभी पुरइन आँक रही हूँ, कहीं कोहबर लिख रही हूँ, तो कहीं कार्ड का मजमून और कवित्त लिख रही हूँ। मेरी माँ बहुत ग़ुस्सा होतीं और मैं दादियों के साथ–साथ डोलती फिरती। वे मुझमें अपना भविष्य और परम्परा को देखतीं। मैंने सारे श्लील–अश्लील गीत कण्ठस्थ कर लिए थे। मेरी आवाज़ सधी और ऊँचे पिच वाली थी। बस फिर क्या था, जब भी कोई बारात गाँव के सिमान पर आये, हम सब गोपाल–गारी गाना शुरू कर देते। अश्लील गालियों का मुझे तब मतलब भी नहीं पता था। पर हम दादी और बुआओं के साथ गालियाँ गाते रहते। जैसे :

खिली–खिली चन्दनिया की रात दूल्हा के माई कहाँ गयी थीं
गयी–गयी रंगरेजवा के साथ बगल में सो रही थीं
नन्हे मुन्ने से भर गयी गोद सवेरे उठी चली आयी थीं
दूल्हा के मैया गोरी, सो पहने छमक डोरी है
छमक चढ़ें चौतरा रेशम का आँचर डोले है
रो रो पूछे दूल्हा तू कहाँ जा हान मैया है
चुप रहो तुम बेटा तुम्हरि बहुत से बप्पा है
अब कहवाँ से गैया चरान चली है
अब कहवाँ से उमड़ल साँड़ हे गगरिया धीरे छलको
बँगला के नीचे–नीचे बहे दरियाव बँगला रे मनभावन हे
वहीं दूल्हा के मैया नंगे नहाय बँगला रे मनभावन हे
चोली उघार देखे तो दो–दो अनार बँगला रे मनभावन हे

ये सब गालियाँ तो लिखने लायक हैं, इसलिए इन्हें पाठकों की सुविधा के लिए हिचकते हुए लिख पा रही हूँ। कुछ गाने तो इतने अश्लील थे, जिन्हें तब हम बेहिचक गाते थे, अब उन्हें लिखने की

हिम्मत नहीं है, कहीं कोई समधी या दूल्हा थाना पुलिस न कर दे, मेरे ख़िलाफ़।

फिर कोहबर के गीत जिसमें वर और वधू के सुखी जीवन के नुस्ख़े दिये जाते। रात को धीरे बीतने की ताक़ीद की जाती ताकि नव दम्पति आपस में पूर्ण परिचित हो जायें :

धीरे–रे–धीरे चन्दा डूबत हो धीरे–रे–धीरे
धीरे–धीरे खुलत है सीनहियाँ धीरे–धीरे

यह अद्‌भुत था कि आँगन में गान हो रहा है और भीतर घर में किसी की सुहागरात मन रही है।

सुबह तक हमारा मेकअप उतर चुका होता और गा–गाकर गला बैठ चुका होता। हम ख़ासे बदरंग दिखायी देते, पर हम विदाई की रस्म कैसे छोड़ सकते थे। दादी लोगों को रोना और सिसकना था सो गीत की कड़ी को थामने का जिम्मा मेरा था। अब भी मुझे विदाई का ये गीत रुला जाता है :

उनकर अँखियाँ से लोरवाँ चूअत होऊहे ना
लड़कैया के नेहवा छूटअत होऊहे ना
हालि करों–2 उनकर गजमोती
अँचरा भींजत होईहे ना।

मुझे याद है एक बार मैं फ्रॉक पैर में फँसाकर बुढ़ियों के बीच बैठकर एक अश्लील सुहागरात का गीत गा रही थी कि माँ ने बाल पकड़ घसीटकर वहाँ से निकाला और दादी की तरफ़ देखकर मुझे धमाधम जो पीटना शुरू किया। उफ़, मेरी माँ मुझे मासूम बनाना चाहती थीं और मैं पक्की गृहस्थन बनने पर तुली हुई थी।

पर कुत्ते की दुम कभी सीधी हुई है? रात को दादी के साथ जब सोती तो उनके गीत कॉपियों पर उतार लेती, कक्षा में टिफिन के समय कण्ठस्थ कर लेती और फिर–अगली शादी के लिए तैयार। और क्या?

साँपों का आतंक : सहिया दादा

मेरा गाँव पूर्वी भारत का एक आम गाँव है–गाँव की सारी विशेषताओं, विषमताओं, प्राकृतिक सुन्दरता, वन्य संसाधन, जन्तुओं और अन्धविश्वास से भरा। मेरे गाँव में डायन भी है, ओझा भी, साँप भी और सपेरे भी। वैसे तो साँप के पैर नहीं होते पर मेरे गाँव में तो साँप के पैर बाँधने वाली जड़ी भी है (जो एक सक्यलेंट पौधा है ओपन्सिया फ़ैमिली का)। बरसात में क़रीब–क़रीब सभी घरों में साँप की जड़ी का वह बाड़ आपको दिख जायेगा।

मेरे गाँव में साँपों का बड़ा आतंक था। साँप, बिल में रहते थे, खेत में रहते थे, पेड़ों पर रहते थे, घरों में रहते थे।

हम सबसे अधिक रोमांचित और अचम्भित यह जानकर हुए कि सहिया दादा ने क़िस्म–क़िस्म के साँप पाल रखे थे।

सहिया दादा कोई मामूली ओझा नहीं थे। वे जादूगर थे। यूँ कह लें कि वे मेरे गाँव के पी सी सरकार थे।

एक बार मुझे महीनों मलेरिया ने धर दबोचा। बुख़ार जाता ही न था। कुनैन खा–खा कर मेरी तबीयत और ज़ुबान कड़वी और विषैली हो चुकी थी। यूँ ही मुझे देखने सहिया दादा मेरे घर आये। उन्होंने मेरा पीला मुँह देखते ही कहा कि किसी ने विष किया है!

दादी को उन्होंने थोड़ा मड़ुआ का आटा लाने के लिए कहा। फिर आदेशानुसार, मैंने सानकर एक पेड़ा–सा बनाया। मेरे हाथ में रखकर कुछ अस्फुट मन्त्र पढ़े। फिर पेड़े को मुझे नाभि से सटाकर रखने को कहा। क़रीब दस मिनट तक वो आँख बन्द कर कुछ बुदबुदाते रहे। फिर नाभि से पेड़ा हटा लेने को कहा। मुझे पेड़ा तोड़ने को कहा।

बाप रे! पेड़े के अन्दर सफ़ेद–खिचड़ी बाल भरे हुए थे। जो उनके अनुसार विष थे!

मुझे सहिया दादा बहुत बड़े चमत्कारी पुरुष लगे। शक की कोई गुंजाइश नहीं थी। आटा भी मैंने ही गूँधा था। आटा गूँधते समय तो उसमें कुछ भी न था।

ख़ैर, मैं सहिया दादा से बहुत इम्प्रेस हो गयी। वो भी मुझे बहुत प्यार करते थे।

वे अक्सर मेरे घर आने लगे।

एक दिन मैंने पूछा कि 'क्या आप साँप पालते हैं?'

'हाँ, वे मेरे मित्र हैं।'

'वे क्या खाते हैं? क्या वे विषैले हैं?'

'कोई–कोई, बाक़ी सब विषहीन हैं, मैं उनको चिड़िया के बच्चे, मेढक और दूध देता हूँ।'

'क्या वे सचमुच दूध–लावा खाते हैं?'

'हाँ!'

'आप मुझे अपने साँप दिखायेंगे!'

'ज़रूर, तुम ठीक हो जाओ मुनिया, फिर ले चलेंगे तुम्हें साँपों से मिलाने। पर किसी को बताना मत। दादी को तो बिल्कुल नहीं। नहीं तो मेरे मन्त्र का असर ख़त्म हो जायेगा। मैं ओझा से डायन बन जाऊँगा।'

'कैसे?'

'जो लोग जनहित में अपनी शक्तियों का प्रयोग करते हैं, वे ओझा कहलाते हैं, और जो लोगों को परेशान, बीमार और बर्बाद करने के लिए मन्त्र पढ़ते हैं वे डायन होते हैं।'

'आपने डायन देखा है?'

'हाँ, अक्सर। एक बार मैं उसके कुएँ से पानी पटा रहा था तब उसने मुझे बहुत कड़े और कठिन मन्त्र पूछे थे।'

'कौन थी वो!'

'उसका नाम नहीं ले सकता, क्योंकि वो मेरी बहन के समान है। ओझा और डायन गुरु भाई–बहन होते हैं। वे एक–दूसरे का सीक्रेट किसी को नहीं बताते।'

इस तरह सहिया दादा मेरे मन को डरा–सहमा देते थे। कई प्रश्न थे जिनका उत्तर नहीं था। मैंने भी गाँव में कई रहस्यमयी औरतों को देखा था, जिनके पास गुज़रते समय लोग अपने बच्चों को छुपा लिया करते थे। कहते थे कि डायन बहुत शक्तिशाली होती है। डायनें पीपल के पेड़ को हवाई जहाज़ की गति से उड़ाकर रातों–रात गंगाजी में नहाकर आती हैं। हमारे बगल के गाँव सीरिया तालाब का पीपल का पेड़ डायनों द्वारा उड़ाकर लाया गया था। शायद रास्ते में ही सुबह हो गयी होगी और उनकी शक्तियाँ क्षीण हो गयी होंगी।

एक दिन अचानक लोगों ने देखा होगा कि तालाब के ऊपर बड़ा पीपल का पेड़!

सब कितना डर गये होंगे!

चिलचिलाती दुपहरी में भी कोई उस पीपल की छाँव में नहीं बैठता कि कहीं वह भी शिकार न बन जाये, भले ही वह लू–बातास से क्यों न मर जाये।

पीपल का पेड़ ही क्यों? पूछने पर सहिया दादा ने स्पष्ट किया कि पीपल के पेड़ पर मृत आत्माएँ रहती हैं, जिनका श्राद्ध–पिण्ड नहीं होता, उनको मुक्ति नहीं मिलती। उन आत्माओं की शक्ति डायन ले लेती है, मन्त्र के ज़ोर से। वही आत्माएँ डायन के अधीन रहकर पीपल उड़ाती हैं।

वाह, मैं तो डायन से भी इम्प्रेस्ड हो गयी थी।

ख़ैर, सहिया दादा हमारे लिए भगवान थे। उनमें निश्चय ही सुपर नैचुरल पॉवर्स थे! तभी तो उन्होंने मेरी माँ को साँप के काटने के बाद भी बचा लिया था सिर्फ़ मन्त्र और देशी इलाज के दम पर। मुझे वो बहुत आकर्षित करते थे। साठ की उम्र में भी कमाल की फ़ुर्ती थी उनमें।

सुबह–सुबह दस किलोमीटर की सैर करना, फिर खेतों को लाठा–कुण्डी से पानी पटाना (सींचना), गाय–बैलों की देखभाल, गाय–भैंस दुहना, उनके काम का अन्त नहीं। उसके ऊपर उन्होंने ओझाई की बला पाल ली थी। साँप पाल रखे थे। कछुए, मछलियाँ, सुग्गे और काकतुआ।

गन्ने की खेती से लेकर पेराई और गुड़ के गोले बनाने का काम वे ख़ुद के अलावा किसी को नहीं सौंप सकते थे। एक मेहनतकश किसान–संवेदनशील इन्सान–स्नेहशील पिता और पति–खिलन्दड़ अलमस्त गवैया–रहस्यमय ओझा–बेहतरीन रसोइया–पर्यावरणविद् और भी न जाने क्या–क्या गुण रखते थे सहिया दादा।

बहुत दिनों बाद फिर एक बार वे हमारे घर पधारे। इस बार हमने ज़िद ठान ली कि हम साँप देखने ज़रूर जायेंगे। हमने दादी और मैया को चकमा दिया...

घर में मैंने बताया कि गन्ना चूसने और साग तोड़ने जा रही हूँ। गन्ने के खेत में साग लगा था और वो सहिया दादा के घर के क़रीब था (उस समय गन्ने के पौधे छोटे थे) दादी साग की बेहद शौक़ीन, उनको शक नहीं हुआ।

मैं दौड़ते हुए सीधा सहिया दादा के घर पहुँच गयी। मैंने इतनी ज़िद की कि वे मुझे अपने घर के आगे वाली बाड़ी जिसमें नारियल के कुछ पेड़ लगे थे और बेकार खपड़े (छान ढालने से बची हुई) पेड़ के चारों तरफ़ गोलबन्द रखे हुए थे। उनके पीछे फूँस की झोंपड़ीनुमा मड़ैया थी। उसमें दर्जनों हँडियाँ और नाँद रखे हुए थे। सभी घड़ों और नाँदों का मुँह जाली से बन्द था। मेरी सारी बोल्डनेस ग़ायब हो चुकी थी। एकाध खोपड़ियाँ और पॉलिथिन पास रखी हुई थीं। कुछ मरे हुए अधखाये पक्षी और उनके पंख बिखरे हुए थे। अब मुझे बहुत डर लग रहा था। सहिया दादा ने अपने हाथ में एक पॉलिथिन बाँधी और एक घड़े की जाली खोली। क़रीब चार फ़ीट लम्बा करैत साँप जीभ लपलपाता बाहर झाँक रहा था। मैंने चीख़ मारी और थर–थर काँपने लगी। सहिया दादा घबरा गये। बोले–'घबराओ नहीं,

उसका विष मैंने निकाल दिया है। यह कोई हानि नहीं कर सकता। आओ, इसे छुओ, मुनिया।'

मुनिया तो वहाँ थी ही नहीं। मैं तो भागकर गन्ने के खेत में सचमुच साग तोड़ रही थी। मेरे हाथ काँप रहे थे, बदन थरथरा रहा था, और सहिया दादा हाथों में करैत उठाये मेरी तरफ़ आ रहे थे।

ख़ैर, मैंने थोड़ी हिम्मत जुटायी। दूर से ही सही खड़ी होकर मैंने उनके पाले विषहरों के दर्शन किये।

वे सबकी विशेषताएँ भी बताते जाते थे : 'यह देखो, धामिन साँप, इसके दो मुँह होते हैं। छह महीने एक मुँह से तो छह महीने दूसरे मुँह से खाता है।'

'यह देखो, काला नाग, इसका काटा तुरन्त मर जाता है, भगवान शिव के गले में पाया जाता है। मेरे पास जोड़ा नाग थे। एक कहीं भाग गया है। इसे मेढक बहुत पसन्द हैं।'

'यह करैत है, इसका विष थोड़ी देर से असर करता है पर बहुत घातक होता है, इसे दूध बहुत पसन्द है।'

'यह पिंजड़े में अजगर है। यह बिल्कुल विषैला नहीं होता। इसकी सम्मोहन शक्ति बहुत तेज़ होती है। इसकी आँखों में देखोगी तो इसकी तरफ़ खिंचती चली जाओगी। यह काटता नहीं, निगलता है।'

'ये है होरहोरवा साँप, विषहीन है। सीता जी इसकी गेंदुल (तकिया) बनाकर सोती थीं।'

(मैंने आज तक कहीं ऐसी तस्वीर नहीं देखी न ही कहानी सुनी जिसमें सीता जी साँप का तकिया बनाकर सो रही हों।)

'ये देखो ढोनढा साँप, विषहीन है, पर काटता है तो ख़ून बहा देता है। लोग डरकर मर जाते हैं। अगर ढोनढा साँप काटे तो टीले पर खड़े होकर पुकारो—मामू हो मामू, ढोनढा सपवा कटलक रे, तो झाड़—फूँक की ज़रूरत नहीं, अपने आप ठीक हो जायेगा।'

'और ये है नाज़ुक से हरे रंग का बाँसर साँप, ये उड़ता है, रंग बदलता है, अधिकतर बाँस के जंगल में पाया जाता है।'

'यह विषैला है?'

'हाँ, बहुत ज़्यादा', जाली से घड़े में मेढक घुसाते हुए उन्होंने कहा।

ये क्या, तभी वह साँप सरककर उनके हाथ पर से रेंगता हुआ बाहर निकला और उड़कर नारियल के पत्ते पर बैठ गया।

मेरी चीख़ निकल गयी!

वह बहुत देर तक कोई मन्त्र पढ़ते रहे और मुँह से बीन जैसी आवाज़ निकालकर साँप को बुलाते रहे। मेढक और अण्डे नारियल के पेड़ पर फेंकते रहे, पर साँप शायद नारियल के पेड़ पर आज़ाद महसूस कर रहा था, सो वहीं चिपका रहा।

अँधेरा होने लगा था। मुझे सहसा डर लगने लगा। पूरा माहौल रहस्यमय, साँपों की हिस्स और अँधेरे में डूबा जा रहा था और स्वयं सहिया दादा के मन्त्र और बीन की टिहकारी! मेरा रंग उड़ा जा रहा था।

जब उन्होंने मेरी पतली हालत देखी तो साँप को वापस बुलाने का कार्यक्रम स्थगित किया और मेरा ध्यान बँटाने के लिए कहा कि अच्छा चल तुझे सुग्गे (तोते) और कछुए दिखाता हूँ।

मैं ख़ुश हो गयी। कछुआ बहुत बड़ा था, कठौत जितना उसका आयतन था। सेब़, अमरूद, घास, मेढक सब कुछ खा जाता था। एक बार मुझे गर्दन उठाकर देखा फिर खोल में दुबक लिया।

ढेर सारे सुग्गे एक बड़े पिंजड़े में टें–टें कर रहे थे। अभी उनके पंख हरियाये न थे। सफ़ेद रोगटह और घिनौने व कुपोषित लग रहे थे। मैंने झिझकते हुए उनसे एक तोता माँग लिया। एक छोटी टहनी पर से एक शिशु तोता उन्होंने उतारकर मुझे दिया। मुझे तो जैसे हाथ में चाँद मिल गया। मैं उछलते–कूदते घर पहुँची। मैया–दादी और बहनें तोता देखकर ख़ुश हुईं।

दादी मानने को तैयार नहीं थीं कि मैंने तोता चुराया नहीं है। इसके पहले कई बार बहुत घरों से ये शिकायतें आती ही रहती थीं कि मैंने उनका कुत्ता या बिल्ली चुरा लिया। एक बार बिल्ली चुराकर हमने उसका बाक़ायदा मेकअप करके बाहर निकाला था ताकि कोई पहचान न सके। सिन्दूर से उसकी माँग भर दी थी

और पूँछ काले रंग से रँग दी थी फिर भी अनिता की माँ (जिसने यह बिल्ली दूसरे गाँव से चुरायी थी, उसे काले पॉलिथिन में भरकर लायी थी, बिल्ली बेचारी रास्ता भूल गयी थी, और इस प्रकार वह अनिता की बिल्ली मान ली गयी थी।) झनझनाती मेरे घर लड़ने आ गयी कि हमने बिल्ली पर टोना–टोटका करके खुला छोड़ दिया है ताकि मेरे घर का भूत उसके यहाँ जा सके। मेरी दादी ने उनके सामने तो बहुत मुस्तैदी से मोर्चा सँभाला पर उनके जाते ही मेरी भयंकर कुटाई की थी।

यह सिद्ध करने के लिए कि मैंने तोता चुराया नहीं, बल्कि सहिया दादा ने मुझे गिफ़्ट दिया है, उनको बुलाकर लाना पड़ा। तब तक तोता जी हमारे घर सेटल हो गये थे।

सहिया दादा मेरे घर ही बैठे थे कि उनका छोटा भतीजा हाँफता हुआ पहुँचा और घबरायी आवाज़ में सूचना दी कि सहिया काकी को साँप ने काट लिया।

'काट लिया? कैसे? कहाँ?'

'वे अपनी माँ से मिलने गयी थीं कि साँप ने काट लिया।' लड़के ने हकलाते हुए बताया।

सहिया दादा दौड़ते हुए बाहर निकल गये। जब वे घर पहुँचे तो काकी बेहोश हो चुकी थीं। मेरी दादी और दादाजी भी उनके घर गये। मेरी हिम्मत नहीं थी कि मैं वापस उनके घर जाऊँ।

दादी ने आकर बताया कि सहियाइन काकी की माँ उनको मिलने गाँव के बाहर टाँड पर इन्तज़ार कर रही थीं। (हमारे यहाँ माँ लड़की की ससुराल नहीं आती, सो मिलना गाँव के बाहर या मेले में हो सकता है।)

सहियाइन एक हाथ में पकवान और एक में शरबत लेकर अपनी माँ से मिलने जा रही थीं कि कहीं से हरे रंग का साँप उड़कर पहुँचा और हाथ की उँगलियों के गस्से में काट लिया। सहियाइन तड़पती हुई ज़मीन पर गिर पड़ीं। एक चरवाहे ने उन्हें गिरते देखा तो भागकर

आया और उनको उठाकर घर पहुँचाया। फिर उनका भतीजा सहिया को लेने आया।

मैं मन–ही–मन काँप गयी। मुझे तो पहले से ही यह आशंका थी कि यह उड़ने वाला साँप घातक है। मैं वहाँ क़रीब दस मिनट खड़ी थी जब सहिया दादा मन्नतें करके उसे बुला रहे थे। पर विषहरी माई का शुक्र है कि उसने मुझे नहीं काटा।

बेचारी सहिया काकी!

और सहिया दादा! हे भगवान! काकी को बचा लो। मैं फफक पड़ी!

सुबह, स्कूल जाने के रास्ते को बदलकर मैंने सहिया दा के घर की ओर देखा कि पाइन पर (छोटी केनाल जो दो तालाबों को जोड़ने के लिए बनायी जाती है, ताकि पानी का प्रवाह बना रहे) मजमा लगा है। काफ़ी भीड़ जमा है।

तो अभी भी विष को झाड़ा जा रहा है!

धूप–लोबान की ख़ुशबू और साँप के मन्त्र के गीत सुनाई पड़ रहे थे।

काकी के चारों ओर घेरा बनाकर सारे ओझा और सपेरे (जिनका सहिया दादा ख़ुद मार्गदर्शन कर रहे थे) नीम की टहनी को देह पर फिराकर झाड़ रहे थे।

मथवा से उतरल सपीना गरदन समाइल
आझु सपिना झारबो पोरी–पोर

कई कोस बिषहरी के मंदिलवा, रतन दियवा बालबय हे
बिषहरी मैया हर्हु कलेश्वा, सगर रतिया जागबय हे

इन गीतों में साँपों की सरसराहट थी। वातावरण में जुगुप्सा और उत्तेजना थी। रात–भर ओझा लोग झाड़कर थक गये थे, पर हार मानने को तैयार नहीं थे। काकी को एक चटाई पर लिटाया गया था। घर से बाहर, खुले बाल, खुले बन्धन के साथ। उनके हाथ को (जहाँ साँप ने काटा था) चीरकर ख़ून निकाल दिया गया था।

काला, विषैला ख़ून! फिर जगह–जगह उनके हाथ पर कसकर बाँधा गया था।

हम वहीं जाकर भीड़ में खड़े हो गये।

वैसे भी स्कूल की छुट्टी करने के हम बहाने ढूँढ़ा करते थे। स्कूल बोरिंग था। कुछ ख़ास सीखने को न था। यहाँ खड़े–खड़े मैंने तीन–चार साँप के गीत सीख ही लिए। हालाँकि, दादी तो कपड़े धोने वाली लकड़ी लेकर दौड़ी थीं जब उन्होंने मुझे विषहरी के गीत गाते सुना। मेरे पीछे पड़ गयीं कि इस गीत को भूल जाओ, नहीं तो साँप आ जायेगा, तुम भी डायन–ओझा बन जाओगी। लोग तुमसे घृणा करेंगे।

कौन करेगा तुमसे बियाह!

मुझे उस समय रत्ती–भर भी चिन्ता न थी कि मेरा ब्याह हो या न हो। मैं तो गीत सीखना चाहती थी। वे मन्त्र और गीत मुझे दूसरी अनजान, पर रोमांचित दुनिया में ले जाते थे।

शायद पाताल, जहाँ जनमेजय और अन्य साँप रहते हों!

झाड़ते–फूँकते कई घण्टों के बाद काकी को होश आया। सहिया काका लोकलाज भूलकर बिलखते हुए उनसे लिपट गये। फिर, काकी के ऊपर कम–से–कम सौ बाल्टी पानी डाला गया। फिर मनसा देवी की पूजा हुई। कई बकरे और कई मन चावल, रुपये वग़ैरह देकर सहिया दादा ने सपेरों–ओझाओं को विदा किया।

उस समय न एंटी–वेनम था, न अस्पताल, न ही आधुनिक चिकित्सा की उपलब्धता। फिर भी सहिया दादा जैसे ज्ञानी वैद्य और ओझा थे, जिन्होंने मेरे गाँव में कितनों की जान बचायी।

कहाँ गये वो लोग!

कहाँ गये वो दिन!

साँपों का आतंक : मेरी माँ को साँप ने काटा

हमारे यहाँ ऐसा माना जाता है कि रात में साँप और विषहरी का गीत नहीं गाना चाहिए, साँप घर में घुस सकता है। किसी को काटकर उसकी मौत भी बुला सकता है। पर सासों को मज़ा चखाने और मरकर भी बदला लेने वाला यह गीत गाँव के अखाड़े में अक्सर सप्तम सुरों में गूँजा करता था :

सावन–भदोईया के पानी लाने गेलय गोय
गोंडे तरी हे सर्पवा लोर गेलय गोय, गोंडे तरी...

(सावन–भादों की बरसात में जब मैं पानी लाने गयी तो सखी, पैरों में साँप लोट गया, सास जी को बुलाओ, साँप मारने को बोलो!)

यह गीत भौजियाँ लोग बड़े उत्साह से गाती थीं। इस गीत में सास धोखे से बहू को साँप का सालन खिला देती है, बहू शंका करती है कि उसे जूँगार (नशा) क्यों चढ़ रहा है :

खाइते पियते सासु जी लगालय सुवाद गोय,
अँचवैते सासु जी, चढ़लय जूँगार गोय, अँचवैते...

(खाते समय तो बहुत स्वादिष्ट लग रहा था पर हाथ धोते–धोते नशा–सा क्यों आ रहा है? सासु जी, आपको पता है तो बता दो।)

सास उसको समझाकर भीतर महल में सोने भेज देती है।

उसका मक़सद अपने भेड़ा और दीवाने बेटे को भी ठीक रास्ते पर लाना है। बहू की सुन्दरता, उसके बाप की धौंस और बेटे की बहू के प्रति दीवानगी ने कलेजे में एक अबूझ जलन मचा रखी है, जो कि बहू की मौत से ही शायद शान्त होगी।

बेटा, शाम को घर लौटता है और माँ से पूछता है कि :

सबके तिरिया मैया बाहर–भीतर दिशे गोय
हमरो धनिया के तूँ कहवाँ भेजैली गोय...हमरो के।

माँ ऐंठकर उत्तर देती है कि :

तोहरो तिरिया बेटा बिरहा के मारल होय
सूतल हथुन बेटा, भीतरी महल गोय, सूतल हथुन...

(सबकी औरतें बाहर–भीतर हो रही हैं, मेरी प्रिय पत्नी को तुमने कहाँ भिजवा दिया, माँ?...)

(माँ ऐंठते हुए जवाब देती है कि तुम्हारी पत्नी तो तुम्हारे विरह में दिन–रात दिवास्वप्न देखती रहती है! जाकर देखो, शायद भीतर महल में अपने कमरे में सो रही होगी?)

बेटा भीतर जाकर प्रिय पत्नी को मरा हुआ पाता है। उसे पता है कि यह उसकी माँ की ही साज़िश है।

वह ग़ुस्से में आकर माँ को श्राप देता है कि...

जैसे तोहे मैया हे तिरिया मारली हे
वैसे करी मैया तूहु मरियहों गोय

वह माँ के सामने शपथ लेता है कि तिरिया की अन्त्येष्टि वह चन्दन की चिता पर करेगा और माँ की घास–पुवाल से, तिरिया के लिए पचासों जाति के लोगों को न्योतेगा और माँ के लिए कूतवा–बिलाई को, तिरिया के लिए गोविन्द भोग चावल बनाया जायेगा और माँ के लिए कर्हानि सिझाया जायेगा वग़ैरह–वग़ैरह।

यह गीत गाते समय गाँव की बहुएँ बहुत उत्साह में आ जाती थीं क्योंकि इसमें उनकी अधूरी, दमित, कुण्ठित कामना पूरी होती जो नज़र आती थीं–ख़ासकर गीत के अन्तिम भाग में।

वे क्या पतियों को भेड़ा बनायेंगी, यहाँ तो माताएँ अभी तक बेटों को दूध पिला रही हैं!

मेरी मैया भी ज़ोर–शोर से यह गीत गाकर नाच रही थी कि दादी ने घर जाने के बाद झगड़े का प्लॉट तैयार कर लिया। पर वो झगड़ालू सास नहीं थीं इसलिए मुँह फुलाकर बैठ गयीं।

मेरी मैया ने उनसे खाने के लिए पूछा तो चुपचाप खाने के लिए आ गयीं। रात में सेवा लेने (बहू सोने से पहले सास को तेल लगाती थी) से भी मना कर दिया।

सुबह–सवेरे भी वो अनमनी थीं। पर काम कैसे चले। उन्होंने मैया को सख़्त ताक़ीद की कि आगे से इस गीत को न गायें, उन्हें दुःख होता है, इससे साँप भी घर में आ सकता है।

दादी ने ख़ैर उनसे वादा किया, पर उससे क्या? गीत तो साँप के कानों तक पहुँच चुका था। वह मेरे घर में आने–जाने लगा।

उस समय हम सब कच्चे घर में रहते थे। पक्के घर की ढलाई चल रही थी। नया घर पुराने घर के पिछवाड़े ही था। हम लोग उसे पिछली बाड़ी कहते थे।

बाबूजी मिस्त्री लोगों को बुलाने साइकिल से शहर गये हुए थे। उनके खाने का प्रबन्ध करना था। दादी पड़ोस के पण्डित जी के यहाँ से बड़ी देगची लाने गयी हुई थीं। दाल की छोटी बटलोई रसोईघर में लकड़ी के चूल्हे पर चढ़ी हुई थी। मैया आँच तेज़ करने चूल्हे के नज़दीक गयीं कि उन्हें लगा कि किसी जन्तु ने पैर के अँगूठे के गस्से में काट खाया है। (आँगन की मोरी रसोई से होकर पिछवाड़े निकल जाती थी, साँप उसी में था, बाद में पकड़ा गया।)

अचानक ही तेज़ जलन होने लगी।

वह अँगूठा पकड़े लँगड़ाते हुए आँगन में आयीं कि दादी देगची लेकर आ पहुँचीं–'क्या हुआ ननकी?'

(उस समय चाची की शादी नहीं हुई थी, इसलिए मैया ननकी कहाती थीं और दादी उन्हें बहुत मानती भी थीं।)

'पता नहीं क्या तो काटा है, लगता है घोरी (लाल चींटी) ने काटा, बहुत लहर रहा है, लगता है पैर भरुआते जा रहा है।'

'अगे मैया रे, कहीं जड़ी ने तो नहीं छू लिया।'

(साँप काटने को हमारे यहाँ जड़ी छूना कहते हैं।)

'अरे, दौड़ो हो राधिका (चचेरे चाचाजी) लगता है हमरी ननकी को जड़ी ने छू लिया है।'

तुरन्त लोग दौड़े आये। आँगन कुछ ही मिनटों में भर गया। किसी ने सलाह दी कि काली मिर्च खिलाकर पता किया जाये कि साँप ने काटा है कि नहीं। अगर साँप ने काटा होगा तो तीता नहीं लगेगा। आनन–फानन में मैया को गोलकी (काली मिर्च) खिलायी गयी, एक बार तो कहा कि–'कोथ (कसैला) लग रहा है,' पर दूसरी फाँकी में उसकी जीभ लड़खड़ा गयी।

दादी छाती पीटने लगी!

'अरे बाप रे, हमर सोना नियर लक्ष्मी को बचा लो रे मैया! अर्जल ब्यक्तिया के कैसे दहैबो गे मैया!'

दादी छाती पीटकर रोने लगीं–

'बाबू (बाबूजी) को बुलाओ, कोई कुछ तो करो, सब कोई तमाशा मत देखो रे दादा।'

पूरे गाँव के लोग जमा थे, पर लाचार। अचानक एक ने सलाह दी कि जल्दी से सहिया दादा जो कि गाँव के ओझा थे, को बुलाया जाये।

पर वे तो महाराजगंज मण्डी गये हैं, बैल बेचने?

'नहीं, कल रात को ही वापस आ गये हैं, आज मेलौन (बहुत सुबह पशुओं को चराने ले जाना) में मैंने देखा था', एक ने खैनी थुकथुकाते हुए कहा।

'जल्दी से बुला लाओ उनको।'

जितनी देर में सहिया दादा आते, मैया बेहोश हो चुकी थीं। उन्हें वहीं ज़मीन पर लिटा दिया गया।

सहिया दादा ने आते ही कहा कि रोगी को कोई गिरही (गाँठ) नहीं होनी चाहिए। उनके बाल खोल दिये गये। लम्बे काले बाल ज़मीन पर लोट रहे थे। फिर, उनको घर से निकालकर दुकान के पास चौराहे पर बिठा दिया गया। साँप की जड़ी के टुकड़े करके उसके टुस्से दोनों नकबसा में, कानों में, उँगलियों के गस्से में और पैरों के तलवे में लेप दिये गये। मैया के अँगूठे के गस्से को क्रॉस में चीरकर उन्होंने मुँह से बहुत सारा ख़ून चूस व निचोड़ लिया। फिर तीन जगह कसकर बाँधा और धोती से गाँठ लगा दी।

उन्होंने अपने चेलों को बुलवा लिया था। मनसा देवी (नागों की देवी, सपेरे इनकी पूजा भादों शुक्ल पंचमी को धूमधाम से करते हैं, इसे नाग पंचमी भी कहा जाता है) की पूजा की गयी और संकल्प लिया कि जब तक विषहरी माई की कृपा नहीं हो जाती उनके मन्त्र अनवरत चलते रहेंगे, अष्टजाम कीर्तन की तरह।

उस समय लगभग दिन के ग्यारह बज रहे होंगे। नीम की कोमल टहनियों को पानी और गुलाबजल में डुबाकर मैया के शरीर पर झाड़ना शुरू किया गया।

आझु सपिना झारबो पोरे–पोर
मथवा से उतरल सपिना, गर्दन समाइल
आझु सपिना झरबो पोरे–पोर
गर्दन से उतरल सपिना, बहियाँ समाइल
आझु सपिना झरबो पोरे–पोर

फिर संकट–मोचक बन्ध लगाया :

जय इस्सर महादेव–गौरा पार्वती
बीसहरि माई इनकी दुलरी
जय मैया मनसा देवी
अपने भक्तन पर सहाई
फू फू फू फू फू फू फू फू

तब तक बाबूजी मिस्त्रियों को लेकर आ रहे थे कि इन मन्त्रों की आवाज़ कान में आयी। उन्होंने सोचा या तो बहुत सारे रो रहे हैं? या तो सब गा रहे हैं? उन्होंने रास्ते में सोहो दी से पूछा–'दीदी, क्या हुआ है गाँव में, दुकान पर इतना भीड़ काहे है?'

'जा कहें भयवा, तोरे कनिया को साँप काटा है, उसी को सहिया ओझा और उनके शगिरद झाड़ रहे हैं।'

बाबूजी ने साइकिल वहीं फेंकी और मिस्त्रियों के साथ दौड़ते हुए दुकान पर पहुँचे। वहाँ का दृश्य अत्यन्त भयानक था। बीच में मैया, उन्हें घेरकर चारों तरफ़ बैठे ओझा–गुणी लोग, और बाहरी सर्कल में गाँव वाले। थोड़ी दूर पर साँप को टोकरी से ढाँक कर रखा गया था। मैया शान्तिपूर्वक ज़मीन पर शवासन में लेटी थी जैसे कोई मुर्दा लेटा

होता है, बस अन्तर यही था कि वह खुले बाल और बिना ढँके थीं। बाबूजी बच्चों जैसा बिलखकर रोने लगे—किसके लिए महल बना रहा हूँ मैं? अंजू की मैया तुम इतना बड़ा धोखा मेरे साथ नहीं कर सकतीं। मैं सब छोड़—छाड़ कर चला जाऊँगा। राधिका चाचा और लालो भाई उन्हें अंकवार कर ले गये। बाबूजी ने हम दोनों बहनों को दो तरफ़ कोराँ (गोद) में उठाया और थोड़ी दूर जाकर बैठ गये। उनकी भी बुद्धि काम नहीं कर रही थी कि क्या करें? कैसे मैया को ठीक करें।

उधर ओझाओं का झाड़ना और मन्त्र जारी था। सहिया दादा ने तो बाबूजी को डाँटकर चुप कराया—डराया कि उनके कार्य में विघ्न न डालें। रोना—धोना दूर जाकर करें।

गाँव में मनोरंजन के साधनों की उन दिनों अत्यन्त कमी थी और चिकित्सा सुविधाओं की भी। ऐसे में हारे को हरि नाम की तरह ये ओझा अनपढ़, अर्धशिक्षित और अन्धविश्वासी ग्रामीणों के श्रद्धा के पात्र थे। साँप काटना और वृश्चिक दंश आम बात थी, पर एंटी—वेनम किस दवा का नाम है, वे न जानते थे। सब श्रद्धा से सहिया दादा को देख रहे थे। कोई उनके लिए चिलम लगा रहा था तो कोई कबूतर के मांस और दूध—लावा का प्रबन्ध कर रहा था। पर, वे भी धुन के पक्के थे। लगातार मन्त्र पढ़कर नीम की टहनी से मैया को झाड़ते रहे।

अनवरत, लगातार बिना रुके बिना थके, अब कहाँ हैं वैसे ओझा लोग?

मेरी माँ को जब साँप ने काटा, तो मेरी उम्र पाँच साल की होगी। मेरी छोटी बहन मंजू तीन साल की थी। संजू मैया के पेट में थी—शायद पाँचवाँ महीना चल रहा होगा। हम दोनों बहनें सहमी—सी मैया के बगल में बैठी थीं। मुझे बस ये लग रहा था कि वो पीतल का चम्मच और छोटी कटोरी दे देते तो कितना अच्छा होता, हम बालू में खेल सकतीं—ईंट पार सकतीं। हमने यह इच्छा ज़ाहिर की पर सब रोने—धोने में लगे थे, किसी ने भी हम पर ध्यान नहीं दिया। तब मैंने कटोरी और चम्मच चुराने की योजना बनायी। तभी पड़ोस की कुना दी की नज़र मुझ पर पड़ी, मैंने डरकर कहा—'पानी'।

'अरे बच्चों को पानी पीना है, इन्होंने कुछ खाया भी नहीं है, ले जाओ कुना बेटी अपने घर, कुछ खिला–पिला दो,' दादी ने कहा।

हम कुना दी के घर चले गये, उन्होंने हमें उबले शकरकन्द खिलाये। मुझे इतना तो अनुमान था कि मैया को कुछ बहुत भयंकर हुआ है, वह सुबह से ज़मीन पर बेसुध इतने आदमियों के सामने लेटी हैं, कहीं मर न जायें। मैंने सुबकते हुए पूछा–क्या मैया मर जायेंगी? तो उन्होंने कहा–'नहीं बउवा, अभी ओझा जी साँप को बुलायेंगे और वो आकर भौजी के पैर से मुँह सटाकर सब विष चूस लेगा तो वे ठीक भी हो सकती हैं।'

'जल्दी चलो दीदी, मुझे साँप को देखना है।'

पर बहुत देर तक फुसलाकर उन्होंने हमें अपने घर ही बिठाये रखा। जब हम वापस आये तो शाम होने वाली थी।

मैया को टाँग–टूँगकर चार लोग फिर ले चले कुएँ के पास। दादी रोने लगीं। उन्हें देखकर हम भी रोने लगे।

'अरे सोने–सी देह कैसे काली पड़ रही है गे मैया, दुहाई विषहरी माई, रहम करो मनसा देवी, तुम्हारी पूजा करूँगी। मेरी लक्ष्मी को बक्श दो मैया।'

कुएँ पर जनवरी के महीने में कुण्डी–कुण्डी (शंक्वाकार बाल्टी जिससे सिंचाई के लिए पानी निकालते हैं। दो बाल्टी के बराबर पानी लेता है) पानी अदाहा जाने लगा।

लगभग पन्द्रह घण्टे बाद, मैया को थोड़ा होश आया तो अपने अस्त–व्यस्त कपड़े सँभालने लगीं। उन्हें देखकर बड़के चौधरी बाबा बोले–'दुहाई विषहरी मैया की, ननकी कनिया को होश आ रहा है। बेटी, हम सब तो उम्मीद खो चुके थे। तुम्हें अपने कपड़े सँभालने की ज़रूरत नहीं है बेटा! हमारे गाँव की लाज रख ली मनसा माई ने। दुहाई मैया।'

क़रीब घण्टा–भर और पानी अदाहने के बाद फिर से विषहरी और मनसा माई की इस बार सामूहिक पूजा की गयी।

सहिया दादा अब तक भी मन्त्र पढ़ रहे थे। वे रात–भर अजपा जाप करेंगे, और अलस्सुबह विषहरी की पूजा के बाद ही मुँह जुठारेंगे।

ओझा लोग घर में नहीं सो सकते। सो बाहर पुआल के कौड़े में उनके सोने का प्रबन्ध किया गया। गुहाल से चरका पाठा ले जाकर मनसा माई को पूजा गया। उनके खाने–पीने का प्रबन्ध भी गाँव के बाहर किया गया।

अब वैसे साँप तो कई हैं पर ओझा कोई नहीं है सहिया दादा के जैसा।

मैया को भी रात खुले बाल बिना कुछ ओढ़े घर के बाहर ही जागकर काटनी पड़ी। साँप काटने के मैया पर दो असर पड़े–एक तो उसे गर्मी बहुत लगने लगी, ठण्ड में भी वे पंखा चलाकर सोती हैं, और हम सब कम्बल ओढ़कर। दूसरा ये कि, वे साँप से बेहद डरती हैं। एक बार तो आयरन के तार से डर गयीं और रोने लगीं क्योंकि वह पीले चित्ति रंग का था और गोल–गोल लपेटकर चाचाजी उनके कमरे में रख गये थे।

संजू (जो पेट में थी, जब साँप ने मैया को काटा था) पर भी साँप का असर दिखता है, वह भी साँप जैसे ऐंठती–इतराती रहती है। हाँ, उसकी चाल भी नागिन जैसी है और चोटी भी वैसी ही बनाती है। अभी संजू बड़े पद पर भोपाल में आसीन है और उसके पति वहाँ डीआईजी हैं।

आलू-गुड़ का हार : मेरा पहला प्यार

हमारे गाँव में गन्ने की खेती बहुतायत से होती थी। एक तरफ़ दोन (उतराई या ज़मीन का निचला भाग जहाँ पानी की नमी अधिक रहती है) था जिसको कतारी–पारी कहते थे। कतारी–पारी यानी गन्ने के खेत। पूरे गाँव के गन्ने वहाँ उगाये जाते।

गन्ने की आँख (अंकुर) बनाने के लिए उसके पोहण्डे (टुकड़े) को दो–तीन महीने के लिए ऑर्गेनिक खाद (वस्तुतः राख और गोबर वाली) में लपेटकर गड्ढे में दबा दिया जाता। फिर बुवाई के सीजन में जोहड बनाकर आलू जैसे ही बो दिया जाता।

गन्ने की फ़सल के लिए अधिक पानी की ज़रूरत होती है। कम–से–कम तीन बार तो पानी चाहिए ही चाहिए। एक बार गन्ने की रोपाई के तुरन्त बाद। फिर बीस दिन बाद जब फोंक (कोंपल) निकले तब और जब गन्ने कमर जितने लम्बे हो जायें तब। गन्ने की रोपाई जून में होती है सो बाक़ी की सिंचाई मानसून कर ही देता है।

कार्तिक–अगहन में जब धान की कटाई–कुटाई हो चुकी होती तब गन्ने की पेराई शुरू की जाती थी। गाँव के खलिहान के बगल में ही कोलसार बनाया जाता (गन्ने पेरने और गुड़ बनाने की जगह)। कोल्हू में बैल जोते जाते और धरना डालकर बैल गोल–गोल फेरे लेते रहते। एक बच्चा कोल्हू के जातो में ईख डालता जाता दूसरी तरफ़ से रस की धार गिरती जाती जिसे बाल्टी या घड़े में जमा कर लिया जाता। फिर उसे एक बड़े कड़ाह में डाला जाता जो पहले से ही बड़े चूल्हे (भाड़) पर चढ़ा होता। एक बार जब कड़ाह को लबलबाकर भर दिया

जाता तब भाड़ झोंकी जाती। गन्ने के ही खरपतवार का इस्तेमाल होता और दो लड़के लगातार चार–पाँच घण्टे तक भाड़ झोंकते रहते। 'भाड़ झोंकना' एक मुहावरा है पर यह कितना श्रमसाध्य है, वह इसे देखने के बाद ही आपको पता चलेगा।

हमारे लिए गुड़ का आकर्षण अद्भुत, अकल्पनीय था। ईख कटने के समय से ही गन्ना चूसना शुरू होता वह गर्मियों के अन्त तक चलता। ईख को रसदार बनाये रखने के लिए हम उसे एक हाथ भर के टुकड़े कर कुएँ में डाल देते। जब गर्मी की दुपहर के बाद आम पना या गन्ने का रस पीने का मन होता उसे झग्गर (एक लोकल बहुत हुकों वाला गुच्छा, जिससे कुएँ में डूबी बाल्टी वग़ैरह निकाली जाती है) से निकाल लेते और कुएँ की जगत पर ही चूसा करते। दादी गरियातीं, पर हम उड़न–छू हो जाते।

गन्ने के ताज़े रस से माँ ग़ज़ब का रसीला बनातीं (दूध, घी और रस से बनी खीर)। आलू की तीखी सब्ज़ी के साथ रसीला का स्वाद अभी भी मेरे जीभ और मन में बसा है! ताज़ा है।

गन्ने की पतली फूंगी को गुड़ में डुबोकर बच्चों के लिए चिकट चोंढी बनायी जाती, जिसे हम स्कूल जाते समय खाते। वह भी मैंने बहुत दिनों से नहीं खायी, शायद अभी भी गाँव में बच्चे चोंढी खाते हों!

पर सबसे अधिक हमें आकर्षित और उत्तेजित करता था–बनते हुए गुड़ में पगा हुआ आलू!

गाँव में किसी का भी गुड़ बन रहा हो, सभी घरों के बच्चे अपने–अपने आलू का हार बनाते और खौलते रस में डाल देते। जब गुड़ गाढ़ा होने लगता तो उसे निकाल लिया जाता और सबका नाम पुकारकर उनके आलू के हार दे दिये जाते। हम बच्चे थाली या बटलोई लेकर खड़े रहते और गरम–गरम गुड़ से पगा हुआ आलू हार से निकालकर खाते और स्कूल चले जाते। उन दिनों यह हम लोगों का सर्ववांछित नाश्ता हुआ करता था।

बड़े–बड़े आलुओं को दो फाँक में काटा जाता। फिर उन्हें धोकर, सुखाकर हार गूँथा जाता। गन्ने की फूंगी में भी हार गूँथ लेते थे।

तब उसे पकते हुए गुड़ के कड़ाह में छोड़ा जाता। क़रीब चार घण्टे पकने के बाद गाढ़े होते पिघलते लावा जैसे गुड़ से निकाला जाता। वाह, उस स्वाद के क्या कहने।

घर में हम दस–बारह बच्चे थे। क़रीब तीन–चार किलो आलू से वह मेगा हार बनाया जाता। तब कहीं जाकर हम सबको चार–चार आलू मिलते!

यह क्रियाकलाप अलस्सुबह ही होता।

पर, एक बार हमारी नींद देर से खुली।

हे भगवान! आज तो आलू का हार बना ही नहीं। आज ही हमारे बहुत अज़ीज़ कैलाश भैया (सहिया दादा के लड़के) का गुड़ पेरा जा रहा है। अब क्या करें? अब आज गुड़–आलू नहीं खाने को मिलेगा!

हमने आनन–फानन में सात–आठ आलू को गन्ने की फूंगी में पिरोया और एक बहुत छोटा–सा हार लेकर कोलसार चली गयी। ओह, गुड़ तो लगभग बनने वाला था। मैंने भाड़ झोंकने वालों की नज़र बचाकर अपना हार फट से कड़ाह में छोड़ दिया। चन्द मिनटों बाद ही सहिया दादा आ गये और सबका नाम पुकारकर हार निकालने लगे।

मैं चुपचाप कड़ाह के बगल में खड़ी थी। तभी उन्होंने एक बड़ा हार निकाला! लगभग उतना ही बड़ा जितना बड़ा हम लोग बनाते थे। जैसे ही वह हार लेकर उन्होंने नाम पुकारने के लिए लम्बी साँस फेफड़े में भरी, मेरे मन में खोट समा चुकी थी!

मैंने आगे बढ़कर चट से कहा–'सहिया दादा, ये मेरा हार है।'

उन्होंने असमंजस से· मुझे देखा और वह हार मेरी थाली में डाल दिया।

मैं लपककर घर पहुँची। सबसे पहले हम सबने मिलकर उसे आपस में बाँटकर खाया। फिर हम स्कूल जाने के लिए तैयार होने लगे। हमने कैलाश भैया को साइकिल से हमारे आँगन में उतरते देखा और नौ–दो ग्यारह हो गये! दादी और मैया को पता चलेगा तो ख़ैर नहीं। भागकर स्कूल के लिए निकल लिए!

पर भैया कहाँ मानने वाले थे? वे हमारे स्कूल में पहले से मौजूद थे। हमारे विरुद्ध एफआईआर दर्ज करा चुके थे। हम सब भाई–बहनों को दस–दस बार उठक–बैठक की सज़ा मिली, जो सुस्वाद गुड़ पगे आलू के सामने नगण्य थी।

काश, आज कोई दस बार उठक–बैठक कराकर मुझे दुबारा वो गुड़ से सना–पगा हुआ आलू दे देता! मेरे गाँव का कोलसार पहुँचा देता, और ताज़े गन्ने का जूस अदरक, पुदीने और नीबू के साथ पिला देता, दो रोटी के बीच में ढेर–ढेर सारा छोवा गुड़ छुपाकर दे देता, जैसे दादी माँ से छिपाकर हमारी रोटियों के बीच रखती थीं। या काश! बेफ़िक्र हम अपने गन्ने के गोल में छिपकर गन्ने चूसते!

कहाँ चले गये वो दिन!
या हम आगे चले आये उन्हें पीछे छोड़कर?
क्यों याद आती है वो गुड़ की चाय,
जिसे शर्माकर पहली बार होंठों
से लगाया था।
हमारा गुड़ तो ब्राउन शुगर से बहुत
अच्छा था, उम्दा!
रवेदार, रसेदार
मज़ेदार
फिर क्यों शर्म आती थी हमें
गुड़ को चीनी से कमतर
मानकर?
शायद इसलिए मधुरता
रूठ गयी हमारे गाँव से!
हाँ, गन्ने की खेती
उकन गयी मेरे गाँव से भी!
अब कोई कोलसार नहीं
कोई कोल्हू का बैल नहीं
कोई भाड़ नहीं झोंकता!

सब समझदार हो गये हैं
पढ़–लिख गये हैं और
शहरदार हो गये हैं।
पर झाँकता है गुड़
ब्राउन शुगर के
शासे से, क्यूब से, कभी–कभी
ले जाता है मुझे मेरे अतीत के गाँव में
जहाँ मेरा बचपन लोटता है
गन्ने से मीठे कोलसार में
खेला करता है
अपनी हमजोलियों के साथ
आँख–मिचौनी गन्ने के खेत में।

मेरी सहेली : बेबी

छठी कक्षा में मैंने करनी मध्य विद्यालय में दाख़िला लिया। यह सही मायने में बड़ा स्कूल था। हर कक्षा के लिए अलग कमरे थे। पाँचवीं तक विद्यार्थी कच्चे खपरैल छत वाली कोठरियों में बोरा बिछाकर बैठा करते थे। छठी कक्षा से आठवीं तक पक्के कमरे में। सातवीं और आठवीं कक्षा में तो बेंच और मेज़ें भी थीं। मैं बहुत उत्साहित थी।

उन दिनों, स्कूल में दाख़िला या आना–जाना इतना मुश्किल नहीं था। कोई भी देखने–भालने के लिए किसी कक्षा में एकाध दिन बैठ सकता था। मास्टर लोग कभी–कभार ही बुरा मानते थे।

छठी कक्षा में करनी के अलावा शहरजाम, पथरिया (मेरा गाँव), जगदीशपुर, महूदा–सीरिया, नवाडीह, गुसाईडीह, असधिया आदि अनेक गाँवों से बच्चे पढ़ने आते थे।

स्कूल का अपना अहाता काफ़ी बड़ा था जिसमें सरकार की तरफ़ से हम बच्चों को एक–एक पेड़ लगाने और उसको बड़ा होने तक देखभाल करने का आदेश हुआ था। अधिकांश छात्र इससे बच निकलने की तरक़ीबें सोचते।

स्कूल में सुबह सबसे पहले सफ़ाई की घण्टी बजती। कक्षा को साफ़ करने के लिए रोल नम्बर से बारी आती। एक बच्चा कक्षा साफ़ करता। बाक़ी अहाते से गिरी पत्तियाँ, काग़ज़ आदि उठाते। क्लास टीचर बहुत सख़्ती से निरीक्षण करतीं। सबसे सख़्त मास्टर ब्रह्मा लाल का कहना था कि कुत्ते की तरह सबको झुककर पत्तियाँ उठाते बटोरते दिखना चाहिए। अगर कोई खड़ा दिख रहा है तो

वह सफ़ाई से जी चुरा रहा है–उसे मार सोट्टा–कामचोरी का भूत भगा देना चाहिए।

एक बार मैं खड़ी होकर पके जामुन को ताक रही थी। शायद, जामुन पक गये हैं काश! पेड़ पर चढ़कर जामुन झकझोर सकती कि तभी पीठ पर सटाक से एक लपलपाती छड़ी पड़ी!

मैंने मुड़कर देखा–ब्रह्मा लाल थे!

'क्या देख रही हो वहाँ?'

मैंने जल्दी से जवाब जोड़ा–'सर, जामुन से पत्तियाँ गिरने का इन्तज़ार कर रही हूँ।'

'अच्छा!'

और दो छड़ी पड़ीं! ऊपर से एक घण्टा खड़े रहने का आदेश भी मिल गया।

गर्मियों के दिन थे। एक घण्टे धूप में खड़े होने के बाद मैं लगभग बेहोश हो चुकी थी। ब्रह्मा लाल मुझे सज़ा देकर भूल गये थे और अपनी क्लास में घुस गये थे।

तभी मुझे सातवीं कक्षा की एक लड़की ने लड़खड़ाकर गिरते देख लिया और भागकर मुझे सँभाल लिया और लड़कियों की मदद से मुझे किसी के घर (बगल का पंचायत घर) में ले जाया गया। मुझे पंखे के नीचे बिस्तर पर लिटा दिया गया।

थोड़ी देर बाद प्रिंसिपल सर वहाँ आये और पूछा–'अब लड़की कैसी है?'

'सर सो रही है। आप चिन्ता न करें।' एक महीन प्यारी आवाज़ ने कहा जो मैंने नीम बेहोशी में सुनी।

जब मेरी नींद खुली तो वही लड़की मेरे लिए दो लड्डू और दो आलू–चाप प्लेट में लेकर आयी और कहा कि–'तुम्हारी दादी को ख़बर भेज दी है, वे आती ही होंगी। तुम तब तक ये खाओ।'

'मुझे क्या हुआ था, अभी मैं कहाँ हूँ?' मैंने रोते हुए पूछा।

'कुछ नहीं हुआ है तुम्हें! बस धूप से चक्कर आ गया होगा। सो लेने से ठीक लग रहा है?'

'हाँ', मैंने सिर हिलाया।

'तो खाओ।'

'तुम कौन हो?'

'मैं पुष्पा सिंह हूँ, लोग मुझे बेबी भी बुलाते हैं। तुम भी मुझे बेबी बुला सकती हो।'

'ये मिठाई और आलू चॉप तो सिंह जी की दुकान की है! महँगी होंगी, मेरे पास पैसे नहीं हैं।' मैं फिर रो पड़ी।

'सिंह जी मेरे पिताजी हैं, वह दुकान हमारी है। इसका कोई दाम नहीं लेगा तुमसे। तुम खाओ तो।'

मुझे बेबी अच्छी लगी। वह बहुत स्वीट और ग्राउंडेड थी।

बड़ी होकर भी मुझ पर धौंस नहीं जमायी– मुझे 'तुम' कहने को कहा–दीदी नहीं (उन दिनों हमारे स्कूल में सीनियर को भैया और दीदी बुलाने का नियम था!)। मुझे उठाकर लायी, अपने बिस्तर पर लिटाया, शुश्रूषा की, नाश्ता खाने को दिया, पढ़ने में भी तेज़ है। ऐसी सहेली कहाँ मिलेगी मुझे!

इस तरह मैं और बेबी पक्की सहेलियाँ बन गयीं।

बेबी के पिताजी को लोग सिंह जी के नाम से जानते थे। वे पहले पटना में लिट्टी–चोखा की दुकान चलाते थे। फिर वहाँ शायद कुछ बवाल हो गया तो उन्होंने भागकर बेबी और उसके बड़े भाई के साथ करनी में शरण ली।

यहाँ उनको पंचायत भवन का आधा रिहायशी हिस्सा मामूली किराये पर मिल गया। बगल में ही करनी बाज़ार (जो शनिवार को लगता था) का अहाता था। उन्होंने भवन से सटाकर एक गुमटी खड़ी कर ली और चाय, समोसे और लड्डू बनाने–बेचने लगे।

उनकी दुकान काफ़ी चलती थी। ख़ासकर, बच्चों में बहुत पॉपुलर थी। एक चवन्नी में एक समोसा या आलूचाप या लड्डू मिलता था। बेवी कहती कि 'सब धान बाइस पसेरी' बेचते हैं मेरे पिताजी।

बेबी और राकेश भैया कुटीर उद्योग की भाँति घर पर आधे से अधिक समय लड्डू, बालूशाही, समोसा और आलूचाप बनाने में अपने

पिताजी की मदद किया करते थे। दशहरे के मेले में भी बेबी मिठाई की ही रखवाली और सप्लाई की देखभाल किया करती थी, जबकि मैं चाहती थी कि वो मेरे साथ मेला घूमे। पर जब शाम घिर आती और मेला उठने–उठने को हो आता, उसकी सारी मिठाइयाँ बिक चुकी होतीं, तब वह कहती–चलो मेला घूमते हैं।

फिर हम दोनों ठोंगे में बची मिठाइयाँ लेकर खाते हुए मेला घूमते और यह टोह लगा लेते कि मेले में कौन–सा लड़का किस लड़की के पीछे घूम रहा है!

उस समय जवान लोगों में अमरनाथ जो मलेरिया डॉक्टर का बेटा था, काफ़ी मशहूर था। उसकी बहनें–कौवा और पौवा (असली नाम उर्मिला–प्रमिला था) हमारे स्कूल में पढ़ती थीं। दोनों अपने भैया अमरनाथ पर इतना गर्व करती थीं, और ऐसे उनका प्रचार–प्रसार करती थीं कि जैसे वह करनी का शाहरुख़ ख़ान हो। एक इटखोरी की लड़की अंजलि तो कहती थी कि वह घर में बिना बताये अमरनाथ भैया को ड्रामे में देखने आती है–तो मुझे बहुत आश्चर्य होता। मुझे तो वो कुछ ख़ास नहीं लगता था। ड्रामे में भी ओवरएक्टिंग करता था! बेबी भी मेरे विचार से सहमत थी। हम मेले में इसी तरह की गॉसिप करते हुए जा रहे थे कि अमरनाथ भैया सामने से आते दिखे! ओ माई गॉड! जैसे उन्होंने हमारी बात सुन ली हो ऐसा दर्शाते हुए कहा कि–कल स्कूल में मिलना, तब बताता हूँ!

हम दोनों सूखकर सोंठ हो गये! हे भगवान! अब क्या होगा?

पर दूसरे दिन तो स्कूल खुलना नहीं था! स्कूल तो दिवाली के बाद खुले, और तब तक उन्हें हमारी बातें याद भी नहीं थीं। बच गये।

बेबी थोड़ी मोटी गदबदी–सी थी। गोल मुँह, साँवला चमकता रंग, गुदाज हथेलियाँ, पढ़ने में तेज़, दयालु और स्वेटर बुनने में तो उसके हाथ मशीन से भी फास्ट व साफ़ थे। सिलाई–कढ़ाई में भी तेज़ थी। वह ऑल राउंडर थी–सर्वगुणसम्पन्न।

बेबी खाना बनाने में भी कुशल थी। अरहर की दाल को देगची में डालकर बिना हिलाये–चलाये पकाना चाहिए (उस समय कुकर नहीं था

उसके पास शायद।), हल्दी को बिना पानी सिलौटी पर गुंडकर भी डाला जा सकता है, आलू के भरवाँ से भी चोखा बनाया जा सकता है, केले के पकौड़े भी बन सकते हैं, कोतर बैंगन को सुखाकर सब्ज़ी बनायी जा सकती है–आदि बातें मुझे बेबी से ही मालूम चलीं। मैं उसकी सहेली, बहन और फ़ैन थी।

पर बेबी में एक कमी थी। उसके सारे बाल उड़ गये थे। शायद बचपन में उसके सिर पर भयंकर घाव हुआ था जिससे सारे बाल उड़ गये और वापस नहीं उगे। वह हमेशा अपने सिर पर एक स्कार्फ़ बाँधा करती थी–चाहे सर्दी हो या गर्मी। बाक़ी लड़कियाँ शायद इसलिए भी उससे दोस्ती नहीं करती थीं और पीठ पीछे उसे 'वेलमुंड़ी' कहा करती थीं–यह मैंने बेबी को कभी नहीं बताया–क्योंकि उसको दुःख होता।

उसके पिताजी उसके बालों के लिए देशी इलाज करवाते। छोटे–छोटे डिब्बों में पार्सल आता। बेबी कोई दुर्गन्धयुक्त तेल माथे पर लगाकर रखती। कई बार उसका माथा छिल जाता। तेल की तीव्रता से माथे पर फफोले निकल आते। पर बेबी हार नहीं मानती।

एक बार किसी नीम हकीम ने उसे बताया कि जोंक को जलाकर उसका भस्म दशमूल तेल के साथ माथे पर लगाने से बाल उग आयेंगे। बस क्या था, बेबी जोंक के अनुसन्धान में लग गयी। मैं सहायिका थी। हम पोखरे से जोंक पकड़ लाये।

तब किसी ने बताया कि घोघरा (नीची ज़मीन जहाँ सालों भर खेतों में पानी रहता था) में बहुत जोंक हैं। हमने तुरन्त जोंक पकड़ने की योजना बनायी। एक प्लास्टिक की चाय छन्नी को बहुत बड़े डण्डे से बाँध दिया और घोघरा की मेंड़ पर बैठकर हम जोंकों का शिकार करने लगे।

हमारी छमाही परीक्षा चल रही थी। समय का अनुमान नहीं हो पाया। हमें देर हो गयी। जब परीक्षा शुरू हो गयी और हम तब भी जोंक ही पकड़ रहे थे तो हमें पकड़ने के लिए स्कूल से स्काउट भेजे गये।

प्रिंसिपल सर ने भरी क्लास में पूछा कि क्या कर रहे थे तुम दोनों–तो जो कारण बताया उससे वे बहुत नाराज़ हुए। लच्छु मास्टर को भी बेबी को पनिश करने का अच्छा मौक़ा मिल गया। हमें सज़ा दी गयी कि हम एक–दूसरे से परीक्षा तक नहीं मिलेंगे।

लड़कियों ने हमें चिढ़ाने के लिए आते–जाते बेबी का यह पसन्दीदा गाना शुरू किया–

'दो हंसों का जोड़ा बिछड़ गयो रे, गजब भयो रामा, जुलुम भयो रे।'

स्कूल के मास्टर लोग भी बेबी और भैया का इस्तेमाल ही करते थे–ख़ासकर लच्छु मास्टर। वे हमेशा उससे श्लेष में बातें करते–'क्या बेबी कभी हमें भी लंच करवा दो।' बेबी बताती कि लच्छु मास्टर चाय–समोसे और लड्डू भी ढेर सारे खा चुके थे, पर कभी पैसे नहीं देते थे! इसलिए अब बेबी उनसे कन्नी काटती रहती थी।

बेबी से जब हमारी बहुत दोस्ती हो गयी और मैंने उसके घर बहुत बार खा लिया तो मैंने उसे अपने गाँव चलने के लिए आमन्त्रित किया। बेबी तो मानो तैयार बैठी थी, तुरन्त चल पड़ी।

मेरे घर पर उसका बहुत मन लगा। मेरी गायों को छुआ, बाछा लोग के लिए पत्तियाँ बटोरीं और खिलायीं।

पर चाचाजी, चाची और माँ को उसका आना अच्छा न लगा।

चाचाजी ने कहा–'क्या घर को तुमने अलीबाबा का ढाबा समझ लिया है, जिस किसी को भी ले आओगी?' हमारी बुराइयाँ उन तक पहुँच चुकी थीं!

माँ ने मुझे अन्दर बुलाकर धमकाया–'तुझे और कोई बढ़िया लड़की नहीं मिली सहेली बनाने को कि इस अनजान कुजात को घर ले आयी है। कौन–सा रोग हुआ है उसको कि बाल उड़ गये हैं–तुमको भी बीमारी लगा देगी ये! ख़बरदार, जो इससे दुबारा मिलीं तो और घर तो कभी नहीं लाना, नहीं तो तुम्हारी टाँग तोड़ दूँगी, कुलच्छिन कहीं की।'

(मेरे घरवाले उसका बाल रहित सिर देखकर कैंसर ग्रसित होने का अनुमान लगा रहे थे, इसलिए बिदक गये।)

'ठीक है, नहीं लाऊँगी, पर अभी उसे खाना तो दो माँ, नहीं तो मैं भी बिना खाये रहूँगी।'

जैसे–तैसे हम दोनों को अछूत की तरह चाची ने आँगन में खाना दिया। पर बेबी ख़ुश थी–मगन थी।

उसका प्लान मेरे घर रात बिताने का था। मैं मन–ही–मन डर रही थी कि कहीं मुझे घर निकाला न मिल जाये।

किसी तरह बहाने से बेबी को मैंने उसी दिन वापस भेज दिया।

दूसरे दिन वह मेरी माँ की तारीफ़ों के पुल बाँध रही थी कि काश वह भी अपनी माँ को देख पाती। मेरी माँ को देखकर उसने अपनी माँ की भी वैसी ही छवि बना ली थी। काश! बेबी जान पाती कि माँएँ भी हमेशा उदार नहीं होतीं।

उसके पिताजी दुकान चलाते थे पर साहूकार न थे। लोगों से वसूली करना उन्हें आता नहीं था। उनके ऊपर बहुत क़र्ज़ चढ़ गया था। वे परेशान रहते थे सो एक दिन बेबी के पिताजी घर से ग़ायब हो गये। उन्हें खोजने के लिए राकेश भैया भी पटना चले गये।

ऐसे में बेबी की पढ़ाई छुड़वा दी गयी। वह बोर्ड परीक्षा भी नहीं दे पायी। कहाँ से तो नाता–गोत्र निकालकर रीना माय–एक दबंग औरत–ने उसे घर का काम सिखाने और उसको शादी के साँचे में ढालने के लिए अपने घर में खाना बनाने के लिए रख लिया। सेत–मेत में उसे बेबी जैसी नौकरानी मिल गयी।

किसी दूरदराज के एक जंगली गाँव में बेबी का ब्याह तय हुआ। लड़के को किसी ने नहीं देखा था–सिवाय रीना माय के। लड़का भी राजपूत था, पढ़ा–लिखा न सही पर खेती–बाड़ी काफ़ी थी।

पर मुझे बहुत चिन्ता और उत्सुकता थी। बेबी जो फुचके जैसी गोलू–मोलू और अलमस्त थी–पटना में जन्मी और वहीं के कॉन्वेंट में पढ़ी थी–उस जंगल–पहाड़ में कैसे रहेगी?

वह तो अंग्रेज़ी बोलती है। मॉडर्न है–लेस और स्वेटर बुनती है। जूते–मोजे, स्कूल ड्रेस पहनकर स्कूल जाती है। लड्डू, समोसे और

खाजा मिठाई बनाना जानती है—वहाँ क्या करेगी? उसकी आत्मा वहाँ नहीं छटपटायेगी?

मैं बेबी से मिलने को व्याकुल थी। मैं जब पंचायतघर पहुँची तो एकाध और लड़कियाँ मौजूद थीं। बेबी हमेशा की तरह मगन थी—शायद शादी के ख़्वाब बुन रही थी। उसकी आँखें पनीली—स्वप्नीली थीं, जिनमें सतरंगी सपने पल रहे थे।

इस समय वह अपने पिताजी और भैया का बिछोह भी भूल गयी थी।

बाक़ी लड़कियाँ चली गयीं तो मैं भी उठने लगी। बेबी ने मुझे रोक लिया। उसने अपना नया लाल ट्रंक खोला। दहेज का सामान दिखाया। कढ़ाई—कार्य किये हुए साड़ियाँ, स्वेटर, शॉल, कुशन कवर, रुमाल (जिसमें श्र लिखा था), कढ़ी हुई बेडशीट्स वग़ैरह दिखाये।

'वाह बेबी, ये सब तुमने कब ख़रीदा, स्वेटर कब बुना?'

वह शरमाकर मुस्कुराती रही, कहा— 'यही मेरे अकेलेपन के साथी हैं। इन्हीं में काटा करती हूँ मैं अपना वक़्त!'

बेबी तो हमेशा फ़िलॉसफ़ी और किताबी भाषा ही बोलती थी। मुझे कोई आश्चर्य न हुआ।

'आओ तुम्हें और एक चीज़ दिखाऊँ!'

'!'

उसने बहुत एहतियात से एक विग निकाला, और स्कार्फ़ खोलकर सिर पर लगा लिया। वाह! कितनी सुन्दर लग रही थी वो! कमर तक काले बाल, बीच में सीधी माँग और चेहरे पर एकाध आवारा लटें! विग ने तो बेबी का चेहरा ही बदल दिया था।

मेरी आँखों में आँसू आ गये। मैंने कहा—'बेबी तुम इतनी सुन्दर लग रही हो कि क्या कहूँ। भगवान करे, तुम्हारा पति तुम्हें बहुत पसन्द करे—प्यार करे।'

'मैं चाहती हूँ कि मेरा पति मेरे भीतरी रूप से प्यार करे उसे पहचाने, उसकी क़द्र करे। वो मुझे विग के साथ भी और उसके बिना भी प्यार करे।'

मैं पूछना चाहती थी कि क्या लड़के ने बेबी को बिना विग के देखा है? और तब स्वीकार किया है? पर संकोचवश पूछ नहीं पायी। बेबी इतनी ख़ुश और सन्तुष्ट लग रही थी कि उसके उस क्षण को शंकालु बनाने का मन न हुआ।

मुझे इतना अफ़सोस हुआ कि मैं बेबी के लिए शादी का कोई उपहार नहीं ख़रीद पायी। घर में जब माँ को बताया तो उन्होंने भी आश्चर्यजनक रूप से मुझे डाँटा कि क्यों नहीं कुछ ले गयीं–उनसे कहती तो वे एक साड़ी ख़रीद देतीं या बिछुओं के जोड़े दिला देतीं। पर माँ का मूड कब कैसा होगा, भगवान भी नहीं जानते!

बेबी की शादी हो गयी। भद्रकाली मन्दिर में ही हुई। मैं नहीं गयी। इस मामले में माँ या चाचाजी उदार नहीं थे। वह ससुराल चली गयी।

हमें बेबी की बहुत याद आती। पंचायतघर की ओर ताकने का मन नहीं करता था। करनी से इटखोरी तक रास्ते में बेबी के और मेरे कितने आसंग थे। कलना पर खजूर तोड़ना, साइकिल वालों से लड़ना, दूर से ही ढेले मारकर फूलमती के बगीचे का आम गिरा देना, कोलतार से माइलस्टोन पर किलोमीटर की गिनती बदल देना, गर्मियों में चप्पल टूट जाने पर पैरों में पत्ते बाँधकर चलना, एक ही ओढ़नी को साथ में ओढ़ना, रास्ते में अपनी स्पीच–गाने तैयार करना–कितने प्रसंग बेबी से जुड़ गये थे जो मुझे सालते रहते थे। उसकी बहुत याद आती तो हम लोग रीना माय से पूछ लेते।

एक बार उन्होंने बताया कि बेबी को बच्चा होने वाला है।

मैंने माँ को बताया कि बेबी को बच्चा होगा। मेरी माँ ने भगवान को तुरन्त प्रणाम किया और प्रार्थना की–'हे भगवान! बिन माँ–बाप की बच्ची है, घर भी शहर से दूर है उसका। पति भी बैल बकलोल है। पार लगाना, हे दीनानाथ!'

पर, भगवान को मानो माँ कोई वांछित सूचना पहुँचा रही थीं। भगवान ने उसे सचमुच उस पार बुला लिया।

अभी भी विश्वास नहीं होता कि मेरी सहेली, मामूली चिकित्सा सुविधाओं के अभाव में बच्चे को जन्म देते समय में चल बसी।

बेबी तो बहुत मज़बूत थी सिर्फ़ उसका भाग्य कमज़ोर था। वह हार गयी पर मुझे विश्वास है—वह ज़रूर लड़ी होगी।

रक्षाबन्धन

करमा–करमा रहलू अगोर हे, ताइयो नहीं करमा जगलाय हमार, ताइयो नाहीं...

जे दिन जन्मलय भैया हमार हे वही दिना करम जागलय हमार हे, वोहिर दिना...

(कितने दिनों से मैंने करम किये पर कभी भी मेरे लिए देवता नहीं जगे। पर जिस दिन मेरे भैया जन्मे; उसी दिन से मेरा करम जाग गया)...

हम छह–सात साल की उम्र तक रक्षाबन्धन का मतलब ही नहीं समझते थे। हमारे यहाँ इसे राखी का त्योहार या जनय कहते हैं। टीवी और सिनेमा के कारण यह त्योहार हमारे यहाँ भी लोकप्रिय हो गया।

स्कूल में रानी कर्णवती की कहानी पढ़कर रक्षाबन्धन की महत्ता और उपयोगिता का भान हुआ। पर मेरा कोई अपना भाई नहीं था। हम चार बहनें हो चुकी थीं। चाचा–चाची की भी एक बेटी ही हुई थी। दादी के दुःख का पारावार न था।

ऐसे में आता करमा का त्योहार जो राखी से भी बड़ा और महान था। इसमें एक महीने पहले से ही (कृष्ण जन्माष्टमी) हम सब झमड़ा में नाचना शुरू करतीं।

मेरा सगा भाई नहीं था। पर इसका ग़म सिर्फ़ माँ और दादी या चाची को था, मुझे नहीं।

मेरे लिए तो बहुत से भाई थे। वे सारे लड़के जो मुझे साइकिल पर बिठाकर स्कूल ले जाते थे, मेरे भाई थे।

रामसहाय भैया जो रिक्शा चलाते थे, अधिकांश हमें मुफ़्त या बहुत कम पैसे में इटखोरी ले जाते थे, मेरे भैया थे। वे मेरे बहुत से कामों में 'पार्टनर इन क्राइम' थे। उनको खिलाने के लिए मैं अक्सर दादी की नज़र बचाकर हरी मिर्ची, टमाटर और बड़े आलू ले जाती। भौजी मुझे करम–जितिया के गाने सिखातीं और हमारे साथ नाचतीं।

चन्द्रिका भैया, जो हमारे बाल बढ़ते नहीं देख सकते थे, और सबको साधना कट काटकर ही दम लेते थे, मेरे भैया थे। वे हमें नहला भी देते और माँ को मेरी शिकायत भी लगाते कि मेरे पैर, घुटने और बाँह पर कितना मैल जमा है! जब खाने का वक़्त आता तो मुझे हिदायत देते कि एक कटोरी सब्ज़ी भिजवा दो या लेकर दौड़ी चली आओ। क्या मजाल कि उनका हुक्म टाल दूँ। वे लोग नाई थे और उनके यजमानों में बहुत अमीर लोग भी थे।

अक्सर छन्ने में पूड़ी, खीर, बुँदिया और सब्ज़ी बहुतायत से आता। चन्द्रिका भैया हमें गोदी में उठाकर ले जाते और हम छककर अनजान मरे हुए लोगों का श्राद्ध खा आते। दादी झींकतीं, डाँटती पर चन्द्रिका भैया हमें हमेशा बचा लेते।

कभी उनके घर मांस बनता तो हमें घर के भीतर कुसुम दीदी और सरिता के साथ बुलाकर खिलाते। चाची पहले ही आकर माँ को बता देतीं कि आज अंजू–मंजू हमारे घर खायेंगी। झोल में मिर्ची झोंकी रहती। खाते–खाते पानी का घड़ा ख़ाली हो जाता–मुँह–आँख–नाक–कान लाल हो जाते, पर चन्द्रिका भैया का बिना खाना ख़त्म किये उठने का हुक्म नहीं होता! हम बहुत परेशान होते, पर भैया का मिलावटरहित प्यार व मनुहार के आगे हार मान लेते।

दशरथ भैया, मेरे पड़ोसी थे। उनकी किराने की दुकान थी। मेरी माँ को मामी बोलते थे। वे मेरे प्रिय भैया थे। उनको हम बहुत मानते थे और मूर्ख भी बनाया करते थे। एक बार मैंने उनको कहा कि आपका स्वेटर बना देंगे, ऊन मँगाइए न! तो उन्होंने हरे रंग का एक किलो ऊन मँगवा लिया। तब तक मुझे ठीक से स्वेटर के फन्दे डालना भी नहीं आता था। मैं तो छाते की कमानियों को मोड़कर बुनना सीख

रही थी कि इतना बड़ा ऑर्डर! मैंने महाउत्साह से उनके आँगन में बैठकर गोले बनाये। और बढ़िया काँटा ख़रीदा। कितनी बार बुना–फन्दे गिराये–उधेड़ दिया–फिर नयी डिज़ाइन डाली–फिर डिज़ाइन बदली। हर बार दो पंक्ति बुनने के बाद उनको दिखाते और नापते!

बहुत मेहनत की, पर बन्दर कभी खेती कर सकता है? वो स्वेटर कभी पूरा न हुआ। भौजी ने अच्छे स्वेटर बुनने वालियों को सम्पर्क किया, मेरी बुराई की, पर दशरथ भैया ने हमें कभी नहीं डाँटा।

दो साल बाद आख़िरकार, मेरी सहेली, बेबी को पच्चीस रुपये मैंने अपनी तरफ़ से बुनाई देकर उनका स्वेटर बनवाया। पर बेवी ने तो उनको देखा नहीं था। सो स्वेटर छोटा बन गया। भैया स्वेटर पहनते वक़्त अपना पेट पिचका लेते, साँस रोक लेते तब बड़ी मशक़्क़त के बाद उसे पहन पाते। स्वेटर लम्बाई में भी छोटा था। पर भैया गर्व से बताते कि मेरी बहन अंजू ने बुना है!

भौजी बहुत अच्छी थीं। मेरी सहेली जैसी। मुझसे चिट्ठी लिखवातीं। फिर शरमाकर शेर लिखने को बोलतीं। भैया की चिट्ठी आती तो मुझसे पढ़वातीं और मुझसे ज़्यादा शरमा जातीं। मेरी सबसे अच्छी भौजी हैं वो। निष्कपट, भोली, सोने से दिल वाली और हमेशा मुझे प्यार करने वाली।

भौजी बच्चों के नाम रखने से पहले मुझसे सम्पर्क–सलाह करतीं। जब उनका तीसरा बच्चा होने वाला था तो उन्होंने मुझसे कहा कि 'ए अंजु प्रार्थना करिए कि लड़की हो, आपको नेग दूँगी।'

मैंने कहा कि–'भौजी, लड़की ही होगी और उसका नाम मैंने 'नैन्सी' सोच रखा है।'

आख़िर, भाभी को एक सुन्दर–सी लड़की हुई और मैंने उसका नाम नैन्सी ही रखा। अब सोचती हूँ तो लगता है कि आज मैं अपने देवर, ननद या बहनों के बच्चों का नाम भी उनकी मर्ज़ी के बिना रख नहीं सकती और भैया और भौजी मुझे इतना प्यार करते थे कि मैं उनके बच्चों का नाम रखती रही! और वे सहर्ष व सगर्व उसे अपनाते रहे। मेरा इतना मान रखा, इतना प्यार दिया मुझे!

कहाँ मिलते हैं ऐसे भाई और भौजी अब??

सहिया दादा के यहाँ से राखी बाँधने का बाकायदा न्योता आता। शायद, उन लोगों को यह अहसास था कि हमारा कोई भाई नहीं है तो उनकी भूमिका बढ़ जाती है कि हमें कभी भाई की कमी न महसूस होने दें! हम बढ़िया कपड़े पहनकर, राखी का थाल सजाकर सहिया दादा के घर पहुँचते। उनका घर पक्का था। हम बहाने से छत पर चले जाते। कैलाश भैया, भेखलाल भैया, और उमेश हमें प्रिय थे। पर उनका घर मेरे घर से काफ़ी दूर था। वे नीचे लोहार टोला में रहते थे तो हम लोग ऊपर टोला में नीम–बरगद–पीपल और मन्दिर के चौराहे के क़रीब, सो ज़्यादा बातचीत नहीं होती थी। हम सब एक–दूसरे से शरमाया करते। कैलाश भैया के लिए बड़ी राखी लेते क्योंकि वे सबसे बड़े थे और वे राखी बाँधने के पाँच रुपये देते थे! हम जल्दी से राखी उनके यहाँ ले जाते और मनाते कि भैया लोग न दीखें, और हम भाग निकलें। हम अकारण ही उनसे बहुत लजाते।

किसी–किसी साल भैया आँगन में तैयार मिल जाते और सहिया को माँ की सहायता से हम शरमाते हुए राखी बाँधते। भैया से हमें डर भी लगता था! वे बहुत गम्भीर बने रहते। उनकी भी दुकान थी जहाँ हमारी उधारी चलती थी।

हम कभी भी दुकान चले जाते और खाने की कुछ भी चीज़ें माँग लेते। तब हमें पता नहीं था कि बाद में बाबूजी को इसके भी पैसे देने पड़ेंगे! मुझे कैलाश भैया बहुत रेसॉर्सफुल लगते। कुछ भी माँगो तो वे दे देते जैसे–लेमनचूस, दालमोठ, लट्टा, बिस्कुट वग़ैरह।

राखी बाँधने के बाद हम वहाँ एक पल भी न रुकते। हमें बहुत शर्म आती थी। फिर बाद में भैया पैसे मेरे घर छोड़ जाते या किसी से भिजवा देते।

एक बार राखी बाँधने के बाद मैं मकई के खेत में घास काट रही थी कि उमेश मुझे खोजता हुआ आया–'अंजू, तुमने मुझे राखी बाँधी थी न, ये लो राखी का नेग!'

ये कहकर उसने मेरी नन्ही हथेलियों में ढेर सारे सिक्के रख दिये। मैं निहाल हो गयी। कुल दो रुपये चालीस पैसे थे–उसके पूरे महीने की बचत! कितनों को मिलते हैं ऐसे निष्कपट भाई! मैं कितनी ख़ुशकिस्मत थी!

गाँव में हर लड़का भाई है और हर लड़की बहन। कहीं–न–कहीं से रिश्ता निकालकर भैया, काका, मामा, चाचा, चाची, भौजी वग़ैरह नाते जोड़ लिए जाते।

पता नहीं, सुरेन्द्र भैया किस नाते से मेरा भाई बने? शायद दोनों तरफ़ से। मेरी दादी और उसकी दादी सहेलियाँ थीं। उनके बच्चे आपस में भाई या दोस्त बने, तो उस नाते वह बाबूजी को चाचा कहते थे और हम भाई–बहन हुए।

दूसरी तरफ़ यानी ननिहाल से भी वह मेरा भाई बने। उनकी माँ और मेरी माँ का मायका आस–पास था। ऐसे में माँएँ आपस में बहनें बन गयीं और हमारी मौसियाँ! सुरेन्द्र भैया की कोई बहन न थी और मेरा कोई भाई न था (उस समय तक)। ऐसे में हमारा भाई–बहन बन जाना एकदम सही था। सुरेन्द्र भैया हमें साइकिल से इटखोरी हाईस्कूल ले जाते। वह पसीने–पसीने हो जाते। मुझे इतनी दया आती कि लगता पैदल ही चली जाऊँ। पर क्या करती, स्कूल सात किलोमीटर दूर था। कभी हमारा टिफिन लेकर मेरे स्कूल पहुँचाते। वह मुझसे एक क्लास ऊपर थे, सो उनकी किताबों पर मेरा पहला अधिकार था। पर वह मुफ़्त न देते, आधा दाम लेकर ही किताबें मुझे बेचते। वह पढ़ने में ठीक थे। पता नहीं, आर्थिक अभाव या सही दिशा–निर्देश की कमी के कारण अधिक पढ़ न सके और मुम्बई चले गये।

सुरेन्द्र भैया बहुत बढ़िया काग़ज़ की कला जानते थे। वह प्लास्टिक से ढेर सारी चिड़ियाँ बनाते और उनको तोरण बनाकर या चाइम बनाकर दीवार से लटका देते। मुझे भी उन्होंने चिड़ियाँ बनानी सिखायीं। पर मैं मूढ़मति, दो से ज़्यादा न बना सकी। बहुज्ञानी थे वे। वैसा भाई मिलना भी मुश्किल है। मुझे ख़ुशी है कि फेसबुक के माध्यम से हम भाई–बहन दुबारा मिल गये हैं।

मेरे भाइयों में सतीश भैया का भी ज़िक्र ज़रूरी है। सतीश भैया का नाम बुढ़ियाँ नहीं उच्चारित कर पाती थीं–ख़ासकर छोटकी ममा और गीता माय। वे उसे छत्तीस कहतीं। सतीश भैया ज़मींदार (चौधरी) के बड़े बेटे थे! उनकी शान के क्या कहने! आम के दिनों में (जब हम चौरहा आम से लटपटाये रहते), वे शाम को हमारे लिए आम भिजवाते। मेरी गाय को देखने चाचाजी के साथ आते। मेरी छत पर वे ढेर सारा धान सुखाते, तब वे माँ से घुटकर बतियाते, हमें डर लगा रहता कि ज़रूर हमारी शिकायत कर रहे होंगे। पर वे अन्दर से बहुत कोमल, स्नेहिल व्यक्ति थे।

एक बार गाँव जाने पर शाम को माँ को ढेर सारी देहाती मछली साफ़ करते देखा तो पूछा–'ये कहाँ से ख़रीदी हैं, माँ?'

'सतीश भैया ने डाबर से मरवाकर ख़ास तुम्हारे लिए भेजी हैं कि मयवाँ को डोरी, गरय और छोटी मछली पसन्द है!'

मैं निःशब्द सोचती रह गयी! सतीश भैया, जो इतने रूखे–कड़े दिखते हैं, वे कैसे जानते हैं कि मुझे डोरी और गरय मछली पसन्द हैं! मेरे लिए डाबर में जाल डलवाते हैं। मैं अन्दर तक भीग गयी। अब भी याद आता है तो लगता है, भैया के पैर छू लूँ।

मैंने तो आप सबको सिर्फ़ तंग किया है, चिढ़ाया है, सताया है, और वांछित सम्मान नहीं दिया है। पर आप लोगों ने मुझे सच में अपनी बहन समझा, मेरे बचपन को समृद्ध किया, मेरे प्रिय गाँव की यादों की कड़ी बने।

मेरे भैया, आज भी आप लोगों से आज फिर कुछ ले ही रही हूँ। बहन होने का अहसास और हक़! ये मत छीनना मुझसे। मेरे गाँव और मायके को सुरक्षित रखना, यही हमारा राखी का नेग है।

मेरे भैया, मेरे चन्दा, मेरे अनमोल रतन,
तेरे बदले मैं ज़माने की कोई चीज़ न लूँ।

हम स्कूल के बाद हज़ारीबाग़ में पढ़ने लगे थे। जिस गाड़ी से हम अक्सर जाते थे, उसके खलासी या क्लीनर–मुन्ना से हमारी दोस्ती हो गयी।

मेरे छोटे भाई का जन्म उन्हीं दिनों हुआ था। उस समय मैं ग्रेजुएशन में पहुँच चुकी थी। मुझे कॉलेज में बहुत शर्म आती थी यह बताते हुए कि मेरा एक नवजात भाई है, क्योंकि, सब लड़कियों के भाई बड़े हो चुके थे!

आश्चर्य की बात थी कि माँ भी हमसे शर्माती थीं, इसलिए जब भाई का जन्म हुआ था तो हमें हॉस्टल से बुलाया भी नहीं गया था। वह दिसम्बर में जन्मा था। मुझे उसे देखने का बहुत मन था। सो मैंने एक कत्थई रंग का ऊनी बाबा सूट ख़रीदा और लियाक़त बस से घर आ गयी।

एक नये खटोले पर सफ़ेद–नीले चौख़ाने वाले कम्बल में एक महीने का एक साँवला–सलोना बच्चा लेटा था। बीच–बीच में वो ऊपर आसमान को देखकर कुरचकर हँस देता था तो दोनों गालों में गड्ढे पड़ जाते थे। अचानक मेरा मन उमड़ आया।

मेरा भैया!

मेरा बाबू!

गोलू–मोलू, गुलगुँथना!

कान्हा, कृष्णा!

मैं ममता से भर गयी। माँ शरमाकर छिप गयी थीं।

मैंने उसे कुशल हाथों (इसके पहले भी पाँच बहनों को पाला था मैंने!) से गोद में ले लिया। वह रुई के गोले की तरह नरम था, मेरे हाथों में घबरा रहा था, पर गौर से मुझे देख रहा था। मुस्कुरा रहा था।

'माँ, देखो यह हँसता है! चाची, देखिए न, यह हँसता है!'

मैंने माँ और चाची को एक साथ बुलाया। चाची ने उपहास उड़ाते हुए टिप्पणी की–

'हिस्सेदार पैदा हुए हैं, क्यों नहीं हँसेंगे भला!'

(जब से यह नन्हा बच्चा आया है, चाची के सीने पर साँप लोट गया है। वह किसी–न–किसी बहाने ताने मारने से नहीं चूकतीं।)

तभी दादी आ गयीं। आते ही उन्होंने पुकारा–'सोनू!' तो बाबू उनको मिलमिलाकर देखने लगा।

'दादी! इसका नाम सोनू कब और क्यों रखा?' मैंने तनिक झल्लाते हुए पूछा।

'मैंने सोच रखा था कि इसका नाम 'अ' अक्षर से रखूँगी।'

'अरे ई तो पुकारू नाम है। जब हम बम्बई गये थे तो वहाँ ऊपर के फिलाट वाली अपने बच्चे को बहुत प्यार से बुलाती थी–'सोनू–सोनू' तभी मैंने सोच लिया था कि इसका नाम सोनू रखूँगी!'

सो वह सोनू डाक नाम से प्रसिद्ध हुए।

उसके बाद आज रक्षाबन्धन था। मैं और मंजू हॉस्टल से ख़ास सोनू को राखी बाँधने घर जा रहे थे। मुझे रह–रहकर फुरहरी–सी लग रही थी कि पहली बार सोनू को राखी बाँधूँगी! मैंने उसके लिए ढेर सारे कपड़े और खिलौने भी ख़रीद लिए थे। बस और आधे घण्टे की बात थी।

मैंने मुन्ना खलासी को बुलाया और तेज़ी से गाड़ी चलाने का अनुरोध किया।

वह हँसने लगा। 'अरे मुन्नी, सबको राखी बाँधने जाना है, हरेक गाँव में गाड़ी नहीं रोकेंगे तो ये बहनें ही मेरा ख़ून कर देंगी। पर तुम थिर रखो, अभी तेज़ करवाते हैं, गाड़ी।' इस तरह बेचारा मुन्ना हमारे आगे–पीछे कर रहा था।

अगला पड़ाव गुसाईंडीह जो हमारा बस स्टैंड था आने वाला था, हम असाढ़िया से ही खड़े हो गये।

मुन्ना फिर हँस पड़ा। झेंपते हुए बोला–'मेरी कोई बहन नहीं है, तुम दोनों मुझे राखी बाँध दो न। मैं बहुत अच्छा भाई बनूँगा।'

मैंने कहा–'अभी लो, पर उसके नेग में गेम पोखर पर देखकर भी गाड़ी रोकनी पड़ेगी तुम्हें, और हर शनिवार को हमें घर से खीर और ठेकुआ हॉस्टल पहुँचाना पड़ेगा।'

'मंजूर!'

हम दोनों ने मुन्ना को जल्दी से टीका लगाया और राखी बाँधी। तब तक हमारा स्टैंड आ चुका था। हम दोनों उतर पड़े।

हम सोनू–सोनू चिल्लाते हुए घर में घुसे। सोनू जी की पहली राखी थी। हम बहुत उत्साहित थे।

जब तक हम तैयार होकर आते–गाँव की अनगिनत लड़कियों ने कम–से–कम बीस राखियाँ उसके दोनों हाथों में बाँध दी थीं।

हम दोनों रुआँसे हो गये। सोनू को सबसे पहले हम राखी बाँधना चाहते थे। वह हमारा हक़ था। पर गाँव की लड़कियों ने हमसे पहले ही बाज़ी मार ली थी। मेरा मूड ऑफ़ हो गया।

उधर सोनू नोच–नोचकर सारी राखियों के परखच्चे उड़ा रहा था।

वाह! माथे पर तिलक, साँवला गदबदा फूले गालों वाला ख़ूबसूरत बच्चा था मेरा भाई। मुझे उस पर प्यार और गर्व एक साथ हुआ। माँ अभी भी मुझसे शरमाती थीं और सामने पड़ने पर इधर–उधर की बातें करने लगती थीं।

आज भी सोनू को टीके दिलाने की याद दिलायी मुझे। हाँ, मैं ही अपने भाई–बहनों को टीके दिलाने इटखोरी सामुदायिक स्वास्थ्य केन्द्र लेकर जाती थी।

'पर आज तो रक्षाबन्धन के कारण बन्द होगा!' मैंने माँ से पूछा।

माँ ने कहा–'दो बार से डेट पार हो गयी है। अन्य कामों के चलते सोनू को टीके न दिलवा सकी। डॉक्टर तुम्हारी सहेली का पिता है, उसने बूस्टर डोज़ घर में ही फ्रिज में रखा होगा। जाओ न इसको टीका दिलवा आओ।'

कैसे जाऊँ, आज तो सारी गाड़ियाँ भी बन्द हैं। क्या करूँ!

तभी मुझे मुन्ना का ख़याल आया। मुन्ना की गाड़ी चार बजे बस स्टैंड पर आयेगी। अगर हम चाहें तो उसे पकड़ सकते हैं।

मैंने मंजू को साथ लिया। बेबी बैग और बोतल उसने पकड़ लिया। कहना न चाहिए, पर माँ ने गाय का दूध अधिक पिलाकर सोनू को बहुत मोटा और भारी बना दिया था। एक किलोमीटर तक आते–आते ही मैं हाँफने लगी। किसी तरह गोसाईंडीह में मुन्ना की गाड़ी पकड़ी। वह न सिर्फ़ मुझे उर्वशी (मेरी सहेली जो डाक्टर की बेटी थी) के घर ले गया, बल्कि अपने मालिक की डाँट सुनकर भी उसने हमें वापस घर पहुँचाया।

इस तरह एक भाई की मदद से मैंने रक्षाबन्धन के दिन अपने भाई को टीका लगवाया। रोली कुंकुम के नहीं–बल्कि एमएमआर के बूस्टर डोज़। पहली बार शायद ऐसा रक्षाबन्धन किसी भाई–बहन ने मनाया होगा, जहाँ बहन रोगों से रक्षा के लिए भाई को बूस्टर डोज़ के टीके लगवाती है!

पर मेरी ज़िन्दगी में कभी कोई सीधी बात हुई है?

हाँ, लीक तोड़कर चलना मेरी आदत है और ज़रूरत भी रही है।

रक्षाबन्धन की शुभकामनाएँ–सोनू, अवि, मुन्ना, पवन, विशान्त और मेरे सारे बड़े भैया लोगों को!

आप सब ख़ूब ख़ुश रहें और तरक़्क़ी करें–यही कामना करती हूँ।

पैकवाह

मेरे गाँव के पड़ोस में एक बहुत ख़ूबसूरत गाँव है–असढ़ीया। यह एक मुस्लिम–बहुल गाँव है। मेरे दादाजी उस एरिया के चौकीदार थे (असली वाले) सो मियाँ लोगों का आना–जाना मेरे घर लगा ही रहता था। दासों मियाँ एक बड़े व्यापारी थे और इटखोरी में उनकी कई दुकानें थीं। उनके पास बहुत सारी बैलगाड़ियाँ थीं जिससे वे महाराजगंज मण्डी से आवक ढोते थे। बहुत से नौजवानों को उन्होंने गाड़ीवान के रूप में बहाल कर रखा था। उनकी सिलाई की भी दुकानें थीं। हम सब अपने कपड़े उनसे ही सिलवाते थे। हम घण्टों मोइन भाई को अपना फ़ैशन–सेंस समझाते रहते। कभी तो वे ठीकठाक सिल देते कभी कपड़े का सत्यानाश कर देते। हम बहुत झिक–झिक करते, रोते और दुबारा उनसे सिलाई न कराने की क़समें खाते, पर फिर वहीं पहुँच जाते–'जैसे उड़ि जहाज़ कौ पंछी फिरी जहाज़ पर आवे'।

एक बार हम उनसे किचकिच कर ही रहे थे कि गुलाबी शरारे में एक नाज़ुक–सी हमउम्र लड़की मुझे मुँह चिढ़ाकर सर्र से चिक उठाकर अन्दर चली गयी। मैं ताकती रह गयी।

अपमान से मेरा मुँह लाल हो गया। मोइन भाई उस लड़की की शरारत देखकर अवाक् थे। शायद शर्मिन्दा होकर या दया खाकर उन्होंने आवाज़ लगायी–

'रज़िया, इधर सुनो, इस मुनिया को अन्दर ले जाओ, इससे दोस्ती करो।'

वही लड़की आयी और मेरा हाथ पकड़कर अन्दर ले गयी। अब तक, यानी ज़िन्दगी के बारह साल तक मैंने किसी मुसलमान का घर अन्दर से नहीं देखा था। उनके घर के बारे में बहुत–सी भ्रान्तियाँ दिमाग़ में डाल दी गयी थीं। जैसे : वे बहुत गन्दे रहते हैं। वे पानी और खाना थूककर मेहमानों को सर्व करते हैं। वे रोज़ बीफ खाते हैं। उनका खानपान, रहन–सहन, रीति–रिवाज, पहनावा, इबादत का तरीक़ा, विवाह और मरण की रस्में सब हमसे अलग और उलटी थीं। इसलिए जब मुझे पहली बार किसी मुसलमान का घर अन्दर से देखने का मौक़ा मिला था तो मैं इसे गँवाना नहीं चाहती थी। हम दालान पार करके एक बड़े आँगन में पहुँचे। मैंने चारों ओर नज़र फिरायी। वह मेरे घर के आँगन जैसा ही आँगन था। चारों ओर खटिया पड़ी थीं। दादी अम्मा को रज़िया ने सलाम कहा और मेरा परिचय कराया।

दादी अम्मा ने हमें अपनी खटिया पर ही क़रीब खींचकर बिठाया और रज़िया को अण्डे का आमलेट मेरे वास्ते लाने को कहा। मुझे वहाँ खाने का एकदम मन नहीं था। मुझे डर था कि ये लोग अपना थूका हुआ खाना मुझे देंगे और मुझे भी मुसलमान बना देंगे।

पर रज़िया ने मुझे आमलेट खाने के लिए राज़ी कर ही लिया यह कहकर कि मेरी भाभीजान (मोइन भाई की बीवी) बहुत अच्छा आमलेट बनाती हैं , स्पंजी, कुरकुरा और कई तहों वाला। अण्डे भी घर के ही हैं, देशी मुर्गी के। मैं तैयार हो गयी। उतना स्वादिष्ट आमलेट मैंने पहली और आख़िरी बार खाया था।

दादी अम्मा ने हमें हरी चूड़ियाँ दीं और मोइन भाई को बुलाकर सख़्त ताक़ीद की कि मेरे कपड़े सिलने में कभी कोई कोताही न करें।

सब लोग मुझसे इतने प्यार से मिले कि मुझे लगा ही नहीं कि मैं इनके घर पहली बार आयी हूँ।

रज़िया भी मुझे अच्छी लगी। चुलबुली, टैलेंटेड, सुन्दर और सुशील। हम एक ही क्लास में थे। हम दोनों एक साथ स्कूल आने–जाने लगे।

रज़िया और मेरा चुनाव प्रार्थना गाने के लिए एक साथ हुआ। हम दोनों तन्मय होकर सरस्वती–वन्दना गातीं :

माँ शारदे कहाँ तू वीणा बजा रही है
किस मंजू गान से तू जग को लुभा रही है
किस भाव में भवानी तू मगन हो रही है
विनती नहीं हमारी क्यों माँ तू सुन रही है
हम दीन बाल कब से विनती सुना रहे हैं
चरणों में तेरी माता हम शीश नवा रहे हैं

अज्ञान तम हमारा मातेश्वरी तू हर ले
बाल बुद्धि विद्या हममें माँ शारदे तू भर दे
हमको दयामयी तुम ले गोद में सिखाओ
अमृत ज्ञान का माँ तुम हमें पिलाओ

मातेश्वरी तू सुन ले इतनी विनय हमारी
हम सब अबोध बालक आयें शरण तुम्हारी
करके दया तुम हर लो बाधा जगत की सारी!!

मेरा सप्तम सुर रज़िया की महीन कोमल सुरीली आवाज़ में गुँथ–सा जाता और सुर और लय का ऐसा समा बन जाता मानो माँ सरस्वती स्वयं प्रकट होकर हमें आशीर्वाद दे रही हैं।

हम दोनों एक ही बेंच पर बैठतीं। कभी मुझे आने में देर हो जाती तो वो मेरी जगह रखती और मैं उसकी।

रज़िया के कारण मुझे मुस्लिम समुदाय के नज़दीक आने का मौक़ा मिला।

एक बार हम सबको, रज़िया के अब्बाजान पिकनिक भी लेकर गये थे। तब रास्ते में रज़िया और उसकी बहन असीमा ने यह गीत सुनाया था :

मदीने का सफ़र है मुश्किल और मैं ग़मदीदा–ग़मदीदा
क़ाफ़िला–ए–शब भरा–भरा है और मैं तनहा शर्मिन्दा–शर्मिन्दा

यह गीत मुहम्मद पैगम्बर साहिब के मदीना जाने के बारे में है। कितने कष्ट, ऊहापोह, दुःख, भुखमरी और क़ुर्बानियों के बाद उनका क़ाफ़िला मक्का से मदीना पहुँचा होगा, गीत में उसकी जीवन्त झलकियाँ थीं।

गीत के अन्त में उसके अब्बाजान रोने लगे थे। बैलों को मारते हुए कहा था :

'तुम दोनों क्यों रो रहे हो? पैगम्बर ने तो हमारा सफ़र आसान कर दिया है। अल्लाह हो अकबर। यह तराना मुझे मदीना के मरुस्थल ले जाता है। पता नहीं मैं मक्का–मदीना जा पाऊँगा कि नहीं।'

'इंशा अल्लाह ज़रूर जाओगे बच्चे!' दादी अम्मा ने उन्हें दिलासा दिया था।

रमजान के मौक़े पर हमारी चाँदी रहती। अपने इफ़्तार की इरफ़ात रज़िया टिफ़िन में भरकर मेरे लिए लाती। मैं उसको भीगे हुए काबुली चने की चाट शाम के लिए देती। ईद के रोज़ मेले में हम दोनों एक जैसा सजते। मोइन भाई मेरे लिए भी गोटा लगा हुआ शरारा सिल देते। हम दोनों हिंडोले पर बैठतीं, सिसियाकर चाट और फुचके खातीं। शाम को मियाँ काका हमारे घर सिवइयाँ लेकर आते। हाथ की बँटी मोटी व मशीन से निकली महीन बाल–सी सिवइयाँ बड़ों के लिए। हम बच्चों के लिए शीर खुरमा और सिवइयाँ की खीर।

वाह! हम सब कूद–कूद कर खाते! ईदी देना पिताजी और दादाजी का काम था और हमारा काम था सिवइयाँ चट करना।

एक बार स्कूल में हम दोनों ने एक इस्लामिक गीत गाकर ख़ूब तालियाँ बटोरी थीं :

मेरे कमलीवाले की शान ही निराली है
जो जहाँ के दाता हैं और हाथ ख़ाली है...

हमारे यहाँ मुहर्रम भी ख़ासा धूमधाम से मनाया जाता था।

अपने यहाँ के मुहर्रम में हमने कोई ख़ास मातम नहीं देखा, यह समझ में नहीं आता था उन दिनों!

कई दिन पहले से ताजिये बनना शुरू हो जाता। शरदुल घोड़ा, बिल्ली और दुलदुल घोड़े की आकृति बनाकर उनके अन्दर रखी जातीं। हरेक रात पैगम्बर के लोग शहीद होते, औरतें रोतीं, छाती पीटतीं, चूड़ियाँ फोड़तीं। आदमी अपने आप को कोड़े मारते, छाती और पेट–पीठ में ख़ूनी लकीरें बना लेते, कपड़े फाड़ डालते। मोइन भाई भी बढ़–चढ़कर मातम मनाते थे।

जिस दिन अन्तिम शहीदी होती, यानी हसन और हुसैन की क़ुर्बानी का दिन–उस दिन हिन्दू और मुसलमान लड़के हमारे यहाँ पैगम्बर का वेश धारण कर गाँव–गाँव–या हसन–या हुसैन–कहते हुए दौड़ते जाते थे। यह दौड़ सूचना देने के लिए होती थी कि हसन और हुसैन शहादत को प्राप्त हुए। इन पैगम्बरों को अपभ्रंश करके पैकवाह कहा जाता था। पैकवाह बनना पुण्य का काम माना जाता था, कहते हैं इससे कई मुसीबतें और बलाएँ नौ दो ग्यारह हो जाती थीं। कई हिन्दू भी मन्नत पूरी हो जाने पर पैकवाह बनते। वे अरब सैनिकों की तरह पोशाक धारण करते और कमर में रस्सी का कमरबन्द बाँधते और घुँघरू वाली करधनी। हाथ में मोरपंख का मुरछल नचाते हुए पैकवाह कम–से–कम पाँच या सात गाँव में 'या हसन–या हुसैन' बोलते हुए दौड़ते।

हम बच्चे रास्ते के किनारे खड़े रहते। कई छोटे बच्चे पैकवाह के रास्ते पर लिटा दिये जाते। वे उन्हें मुरछल से झाड़ते हुए चले जाते। यह मान लिया जाता कि पैगम्बर साहब इन बच्चों का सब रोग–दुःख हर लेते हैं।

उन दिनों मैं अक्सर मलेरिया से ग्रसित रहा करती थी। किसी ने दादी को सलाह दी कि अबकी बार अंजू को पैकवाह के रास्ते में लिटाकर झड़वा दो तो शायद बुख़ार आना बन्द हो जाये।

दादी ने मुझे ज़बरदस्ती मेरे घर के सामने जो कि गाँव की मेन सड़क है, उकूड़ँ लिटा दिया। सब बच्चे मुझपर हँस रहे थे। सो क्या! दादी का हुक्म तो मानना ही पड़ेगा सो मैं बायीं करवट लेकर सड़क पर ऊकड़ूँ लेटकर पैकवाहों का इन्तज़ार करने लगी। 'या हसन–या हुसैन'

की आवाज़ें और उनके कमर में बँधे घुँघरू नज़दीक आते जा रहे थे। मुझे डर लग रहा था कि कहीं पैकवाहे मुझे कुचल न दें। पर यह क्या! उनकी आवाज़ें तो क्रमशः दूर होती चली गयीं?!

दादी ने मुझे झकझोरकर उठाया और मेरे घुटनों से धूल झाड़ते हुए बोलीं–'उठो, वे लोग पीपल के साइड रोड से चले गये। कुलच्छन कहीं की।' सब बच्चे मुझ पर हँस रहे थे और मैं बुरी तरह झेंप गयी।

मुझे पैगम्बर साहब ने नहीं झाड़ा! मेरा रोग–बला नहीं हरा।

शायद इसी कारण मैं कई वर्षों तक मलेरिया से जूझती रही।

मुहर्रम पर ताजिये का जुलूस पूरे शानोशौक़त से निकलता। शेर–ओ–शायरी और ग़ज़लों को लाउडस्पीकर पर चिल्ला–चिल्लाकर गाया जाता, ग़ालिब और ज़ौक़ की दुहाई दी जाती।

हम बच्चों के लिए ताजिया कौतूहल और रहस्य का विषय था। लोग कहते थे कि क़ुर्बानी की रात सचमुच ताजिये से ख़ून टपकता था। हम दादाजी के साथ ताजिये के मेले जाते जो नवाडीह के बाग़ में लगता था। उसके पहले हम जुलूस में भी गुसाईडीह से शामिल होते। चार लोग ताजिये को ढोकर ले जा रहे होते। हम हर ताजिये के नीचे से गुज़रते। मुझे रोमांच होता। मैं सिर ऊपर उठाकर देखने की कोशिश करती कि कहीं से ख़ून टपक रहा है क्या!

हिन्दू भी मुहर्रम पर मन्नत रखते और मालिदा, शीरा और तोशा (एक प्रकार की मीठी रोटी) का प्रसाद मज़ार पर या कर्बला चढ़ाते। मेरी माँ और दादी भी थालपोश से मालिदा और शीरा लेकर कर्बला पहुँचतीं। हम मौलवी साहब का इन्तज़ार करते और मुस्लिम औरतों के शोक प्रयाण गीतों से कर्बला कलप उठता :

अम्मी हे अब शोच मतु करिहा
दूध घीया गुड़ दिये टोशवा पकाइहा
हाथ के मूरछलवा कफ़न दिये भेजिहा।

औरतें सिसकती जातीं, झूमतीं, हिलतीं, बुक्काल मारतीं और बीच में से कोई अगला गाना शुरू करतीं :

हाय रे हाय नोहवा लोटो है पियासल,
हाय रे हाय, नोहवा गिरो हय मुरछाय
हाय रे हाय!

साँझ ढल जाने पर ताजिये को ढहा दिया जाता। औरतें रोती रहतीं। आदमी मौन रहते, पेट्रोमैक्स की रौशनी में सब कुछ धुँधला, रहस्यमय, अजगुत और अतीन्द्रिय लगता।

जाने कहाँ गये वो दिन!
जाने कहाँ गये वो लोग!

बकरीद

सोचा था, बकरीद पर कुछ न लिखूँगी। पर जब ईद पर लिखा, मुहर्रम पर लिखा तो बकरीद पर क्यों नहीं?

यह भी तो हमारे यहाँ मनाया जाता है।

मेरे दादाजी चौकीदार थे। आसपास के गाँवों के लिए भी। मुस्लिम बहुल गाँव में उनकी ड्यूटी लॉ एंड ऑर्डर के लिए कम, गोहत्या रोकने के लिए ज़्यादा लगायी जाती थी। उस समय भी यह काफ़ी सेंसिटिव मसला था।

हमारी जानकारी में तो बड़े–बड़े बकरों की बलि दी जाती थी। सुबह–सुबह ही दादाजी नीली पगड़ी पहनकर असढ़िया चले जाते। दुपहर को उनके साथ आता–कच्चा मटन, केसर बिरयानी और शीर–खुरमा!

हम आँगन में बिरयानी की हाँडी रखकर अपने दोस्तों को बुलाकर लाते और ख़ूब बिरयानी छकते। फिर, शाम को दादाजी ख़ुद से बाहर केला–बाड़ी में चूल्हे पर लकड़ी जलाकर हम बच्चों की मदद से मटन बनाते। घर में बाक़ी लोग शाकाहारी थे सो दादाजी और हम बच्चे ही मटन का भक्षण करते। दादी हमें नहलाकर ही अन्दर आने देतीं। और उस रात तो हम पथानिया (पैर की तरफ़) पर सोते। मटन बनाने का बर्तन अलग था और उसका भी घर में प्रवेश हमारी तरह वर्जित था।

पर हम हार नहीं मानते थे और मटन खाने के लिए सदा तैयार रहते थे। बनाने में भी दादाजी का हमेशा साथ देते थे।

दूसरी बार मुझे बकरीद पर ज़्यादा मज़ा आया जब मैं इंडोनेशिया में पोस्टेड थी। वहाँ अमीर लोग क़ुर्बानी के बाद अधिकांश मीट ग़रीबों को दान कर देते हैं। जो अमीर होते हैं वे गाय की क़ुर्बानी करते हैं और ग़रीब लोग बकरे या मुर्गे की।

वहाँ की पिच्चानबे प्रतिशत जनसंख्या मुस्लिम है और वे सब बीफ खाते हैं।

किसी भी मस्जिद के बाहर बकरीद के दिन दो क़तारें लगती हैं। एक बीफ की और दूसरी मटन की। दाता लोग आधा किलो मटन का पॉली बैग बनाकर ज़रूरतमन्द ग़रीबों को बाँटते हैं ये ग़रीब जो क़तार में खड़े होते हैं।

वस्तुतः, बीफ को मटन से बेहतर मीट मानते हैं। उनका मानना है कि बीफ खाने से पेट ठण्डा रहता है, गैस नहीं बनती, वहीं मटन खाने से पेट और शरीर में गर्मी बन जाती है। इसलिए बीफ की लाइन बहुत लम्बी होती है और मटन वाली छोटी!

मेरी मेड रोज़ा कहती थी–'डागिंग नया पनस सेकाली या' अर्थात–खस्सी का मीट बहुत गर्म तासीर वाला होता है।

सो जब बकरीद आयी तो रोज़ा सुबह से ही महाउत्साहित थी। वह कराकताऊ द्वीप से बातक जनजाति की थी, जो अपने आपको भारतीय और पुर्तगाल के हिब्रीड मूल का मानते हैं। वह मुझसे भारत के बारे में पूछा करती। मैंने उसे बताया कि भारत के लोग बीफ नहीं खाते और गाय की पूजा करते हैं–तब वह मान गयी कि इस बार बकरीद पर वह मटन बँटने वाली लाइन में खड़ी होगी और ईबु (मेरे लिए) के लिए ढेर सारे मटन के पैकेट्स लेगी।

मैंने उसे मना किया पर वो कहाँ मानने वाली थी!

सुबह से मस्जिद के बाहर वो क़तार में लग गयी।

दोपहर तक उसने लगभग पाँच किलो मटन जमा कर लिया था। मुझे मोबाइल पर सन्देश भेजा कि बड़ा झोला लेकर जल्दी आइए। जब मैं पहुँची तो रोज़ा ढेर सारा मटन पा चुकी थी, पर उदास थी।

मैंने पूछा, 'क्या हुआ?'

'मेरा ब्वॉयफ्रेंड आया था, उसने मुझे देख लिया कि मैं मटन के लिए यहाँ लाइन में खड़ी हूँ!'

'तो क्या हुआ?'

'वह मुझे छोड़ देगा क्योंकि मैंने नहीं बताया था कि मैं ग़रीब हूँ!'

'ओह, ऐसी बात थी, तो क्यों आयी? मैंने मना किया था न!'

जब वह मटन के ढेर सारे पॉलिथिन बैग से लदी–फँदी घर पहुँची, मेरा और उसका भूख से बुरा हाल हो चुका था!

मैंने उसे एक गिलास पानी दिया और मटन पकाने लगी।

रोज़ा दुखी बैठी थी।

मैंने अगूँग को फ़ोन किया और बुलाया। उसको बताया कि–'रोज़ा बहुत अच्छी लड़की है–तुम्हें बहुत प्यार करती है, इसे मत छोड़ना।'

मैंने उसे भी मटन कोरमा खिलाया, अगूँग ख़ुश होकर चला गया।

रोज़ा ने बताया कि आज उसने अल्लाह को एक वादा किया है कि 'मुआफ़ करें, ओलह (इंडोनेशिया में अल्लाह को ओलह पुकारते हैं) आज से मैं बीफ नहीं खाऊँगी।'

बाद में उसने बताया कि वहाँ के स्कूलों में यह पढ़ाया जाता है कि इंडोनेशिया के सारे निवासी पन्द्रहवीं सदी तक या तो हिन्दू थे या प्रकृति–पूजक। गुजरात से आये मुस्लिम व्यापारियों ने पूरी आबादी को कन्वर्ट कर डाला। आज भी वहाँ प्रकृति पूजा के अवशेष के रूप में–ज्वालामुखी पूजा, बारिश पूजा, समुद्र पूजा, नदी पूजा आदि प्रचलित हैं। चाहे हिन्दू हो या मुस्लिम–सबके प्रिय देवता हैं–गणेश जी और गरुड़ जी–इनकी फ़ोटो इंडोनेशिया के करेंसी नोट पर भी देखी जा सकती है। इंडोनेशिया की राष्ट्रीय विमान कम्पनी का नाम भी गरुड़ इंडोनेशिया है।

हालाँकि अगूँग लौटकर नहीं आया। उसने रोज़ा को छोड़ दिया था।

मेरी हॉस्टल की ज़िन्दगी

सपना दी का मेकअप

दसवीं के बाद हमारा दाख़िला हज़ारीबाग़ वीमेंस कॉलेज में हो गया था। वहाँ से घर लगभग पचास किमी दूर था, किसी रिश्तेदार ने भी मुझे रखने की इच्छा व्यक्त न की। इसलिए हॉस्टल ही एकमात्र विकल्प था।

हज़ारीबाग़ में 'मन्दाकिनी' लड़कियों का इकलौता छात्रावास था। राजनीतिशास्त्र की प्राध्यापिका गीताश्री बनर्जी इस छात्रावास की वार्डन थीं। एक प्रौढ़ कुमारिका—सपना दी—इसकी मेट्रेन थीं।

सपना दी सोलह साल की उम्र से ही इस हॉस्टल में काम करती थीं। पुरानी लड़कियाँ और स्वयं सपना दी बताती थीं कि पहले वे सारी लड़कियों के साथ फ्रॉक पहनकर शाम को पोस्ट ऑफ़िस वाली सड़क पर चहलक़दमी किया करती थीं और बक़ौल सपना दी—उनके लम्बे—घने घुँघराले केश और सुन्दर निर्दोष गठन—लड़कों को बहुत आकर्षित करते थे।

उन दिनों सपना दी के पिताजी हर साल कई रिश्ते ठीक कर लाते और सपना दी आँखों में ढेर सारे नये सपने लिए पूजा की छुट्टियों में कोलकाता जातीं और उन्हें माँ दुर्गा की मूर्ति के साथ ही विसर्जित कर वापस आ जातीं।

हर गुज़रते साल के साथ उनके शादी के सपने धुँधलाने लगे —इतना कि उन्हें भारी बाई—फोकल लेंस का चश्मा लग गया! कि घने घुँघराले चूल (बाल) सिर से झड़कर कंघी के माध्यम से एक बड़ी पॉलिथिन में जमा होने लगे। सपना दी का उदाहरण देकर आंटी

हर महीने हमें ताक़ीद करतीं कि किसी भी मे (लड़की) का चुल (टा) बाहर नहीं नज़र आना चाहिए। उसको सपना दी के माफिक़ पॉलिथिन में रखो। शान से सपना दी अपने बेड के सिरहाने से वह पॉलिथिन निकालतीं और सबको उदाहरण के तौर पर वह संग्रह दिखाया जाता, जो दूर से किसी काले स्वेटर–सा लगता था।

एक बार सपना दी ने मुझे काला स्वेटर उनके बेड से लाने को कहा तब मैं वही बालों वाला पॉलिथिन उठा लायी थी। सपना दी ने झिड़कते हुए कहा था–'कि बोका मेए'! (कितनी बेवकूफ़ लड़की)।

सपना दी पूजा बड़े मन से करतीं। हर रोज़ एक ही भजन गातीं :

चक्र सुदर्शन धारी–मुरारी!–2
बिनोती हमारी सुनु हो मुरारी
चक्र सुदर्शन धारी–मुरारी–2

वे उसी एक पंक्ति को गातीं–दुहरातीं–और धारों–धार रोती जातीं–पर मुरारी ने इस मीरा की कभी न सुनी। वे अपने आप को घर और घरवालों के लिए गलाती गयीं, सपनों को चुपचाप आँखों से मिटाती गयीं और एक दिन गुमनाम ज़िन्दगी में ग़ायब हो गयीं।

शादी का जगर–मगर सपना–सपना दी की आँखों में पलता और झाँकता जब हॉस्टल में किसी लड़की की शादी होती।

हमारी तरफ़ शादियाँ जल्दी हो जाया करती थीं। हॉस्टल के हर एक कमरे में ज़रूर कोई–न–कोई शादीशुदा लड़की रहती थी। वे लड़कियाँ भर माँग सिन्दूर लगातीं और भर हाथ कामदानी चूड़ियाँ पहनतीं। कई तो पाजेब–पायल और झाँझन पहनकर रुन–झुन, रुन–झुन दोहरे क़दमों से चला करतीं। उनके आलता रंजित पैर कितने कोमल और प्यारे लगते थे! हम लोग छुप–छुप कर उन्हें घूरा करते और नज़रें मिलते ही शरमायी–खिसियानी हँसी हँस देते। वे भी एक औपचारिक–सी मुस्कान फेंककर चली जातीं।

फिर बारी आती–शादी के एल्बम देखने की। बोकारो स्टील सिटी में रहने वाली लड़कियाँ ज़्यादा समृद्ध और मॉडर्न होती थीं, उनके एल्बम में बड़ी अच्छी तस्वीरें रहतीं। सोलह सिंगार किये हुए दुल्हन

वरमाला डाल रही है। दूल्हा महँगी शेरवानी पहने मुस्कुरा रहा है। आसपास लक–दक पोशाक पहने रिश्तेदार खड़े हैं।

रिसेप्शन के फ़ोटो भी वैभवशाली होते। सोफ़े पर दुल्हन बैठी है–इस बार ससुराल की औरतें और आदमी उन्हें घेरकर बैठे हुए हैं। सब ख़ुश! एक सभ्य–भव्य मुस्कान लपेटे सब कुछ स्वप्नातीत लगता। सपना दी ग़ौर से एक–एक फ़ोटो को हसरत से देखतीं।

जब एक रात सपना दी मेरे कमरे में बैठी थीं, तो हमने उनको दुल्हन का मेकअप कर फ़ोटोशूट के लिए राज़ी कर लिया। थोड़ी ना–नुकुर के बाद सपना दी तैयार हो गयीं। वे प्रौढ़ कुमारी थीं और उन्होंने स्वेच्छा से शादी न करने का फ़ैसला किया था–भाई–बहनों की परवरिश और घर की देखभाल करने के लिए, पर हर लड़की की तरह उन्हें भी कभी–कभी दुल्हन बनने का मन करता ही था, उस पर लड़कियों का आग्रह। वे पिघल गयीं और विगलित दृष्टि से मेकअप किट को देखने लगीं।

हमने सबसे पहले उनके चेहरे पर क्लींज़र लगाया। हल्के हाथों से चेहरे पर की गयी मसाज सपना दी के कसे हुए चेहरे माथे की नसों को आराम पहुँचा रही थी।

वे 'कि कोरछो, तूमि' और 'भालो लागछे' बोलतीं। हमने उनको कहा कि चुप रहें और आँख मूँदकर मेकअप का आनन्द लें। जब पूरा फिनिश हो जायेगा तो आपको दिखा देंगे!

वे आज्ञाकारी बच्ची की तरह आँख मूँदकर कुर्सी पर अधलेटी हो गयीं। हम तीन लड़कियों ने मेकअप जारी रखा। आँखों का भड़कीला स्मोकी मेकअप किया। फिर ललाट और गालों पर बंगाली वधू की तरह चन्दन बिन्दु सजाये। लाल लिपस्टिक को लाल बनारसी साड़ी के साथ मैच किया। माँग टीका और बफे स्टाइल में जूड़ा बनाया। सपना दी स्वप्नातीत सुन्दरी लग रही थीं–जैसे कोई नवविवाहिता। शादी की रस्मों को निबटाकर कोहबर में थोड़ी देर के लिए सो गयी हों! या फिर सुहागरात के पहले दुल्हन दूल्हे के इन्तज़ार में झपकी ले रही हो।

हमने पूरा मेकअप करके उनको उठाया।

वे सचमुच सो गयीं थीं शायद–'आँ–आँ–कि होलो' करते हुए उठीं।

मैंने बड़ा आईना उनके सामने रखा–उन्होंने आईने में देखना चाहा–पर बिना चश्मे के उन्हें कुछ न दिखायी पड़ा!

'चश्मा दो', उन्होंने कहा।

टटोलकर उन्होंने गिलास की पेंदी जैसा मोटा चश्मा लगाया। लेकिन चश्मे के फ्रेम से चन्दन बिन्दु छुप गये थे! और आँखें? वे बड़ी डरावनी लग रही थीं। काली–तैरती–कुछ–कुछ उनके बालों के पॉलिथिन की तरह।

उन्होंने हमें परे हटाया और बेड पर उकड़ूँ बैठकर सिसकने लगीं। हम बकाठ की नाईं उन्हें ताकते रहे!

सपना दी का ग्रेजुएशन

उस दिन सपना दी भूखी थीं, क्योंकि उन्होंने व्रत रखा हुआ था। उनका ग्रेजुएशन का रिजल्ट निकलने वाला था।

जी हाँ, सपना दी पिछले तीन सालों से ग्रेजुएट होने की कोशिश कर रही थीं– अंग्रेज़ी और बाँग्ला में। वे चुपके–चुपके नोट्स बनातीं और अपने कमरे में पढ़तीं। पर कुछ ही देर में उनका मन उचट जाता। उनको चिन्ता होती कि लड़कियाँ ज़रूर अपने कमरे में बदमाशियाँ कर रही होंगी। आंटी भी उनको अक्सर आवाज़ लगाकर छोटे–मोटे कामों में उलझाये रखतीं। ऊपर से रात में अंकल से मिलने का आकर्षण–सपना दी हमेशा पढ़ाई से भागतीं–पर पास होने की आशा लगाये रखतीं। कई बार परीक्षा में बैठती भी नहीं जैसे पिछले साल अपने परिवार में एक शादी की वजह से वे परीक्षा नहीं दे पायीं।

इस साल हम सबने बहुत उत्साह बढ़ाया–परिणामस्वरूप वे परीक्षा देने को राज़ी हो गयीं। हमने उनका रुटीन बनाया, पर ब्रेक टाइम के अलावा उन्होंने कभी उसे फॉलो नहीं किया।

परीक्षा की पूर्व सन्ध्या पर वे बेतरह नर्वस थीं। बार–बार चिथड़े हुए नोट्स दोहरा रही थीं। उन्होंने खाना भी नहीं खाया और काफ़ी देर रात तक पढ़ती रहीं। अंकल–आंटी की आवाज़ों को अनसुना कर दिया। छात्रावास की लड़कियाँ उन्हें चिढ़ाने के लिए पण्डित जी (रसोइया) और निर्मला दी (असिस्टेंट रसोइया) से लड़ती–झगड़ती रहीं, पर सपना दी ने एक बार भी बाहर निकलकर उन्हें नहीं डाँटा।

सुबह वे बीमार और डरी हुई बच्ची–सी लग रही थीं। मैंने उनसे खाने की ज़िद की तो मुझे झिड़क दिया। निर्मला दी हाथ में थाली और गिलास लिए चल रही थीं उनके पीछे–पीछे कि वे कुछ खा लें। ऊपर से आंटी आ गयीं और खाने के लिए इसरार करने लगीं। शायद आंटी का मन रखने के लिए सपना दी ने एक कौर मुहँ में डाला ही था कि कौर गले में फँस गया और वे बहुत खाँसने लगीं। निर्मला दी उनकी पीठ–माथा सहलाने लगीं। फिर सपना दी ने दुबारा नहीं खाया। अपना मोटा पुराना रजिस्टर उठाकर झटपट रिक्शा में बैठ गयीं।

परीक्षा शुरू होने ही वाली थी। पर सपना दी ने डिस्ट्रिक्ट चौक पर हनुमान मन्दिर के सामने रिक्शा रुकवाकर, चप्पल खोलकर प्रणाम किया और बड़ी देर तक रोकर बुदबुदाती रहीं। मैंने भी बजरंग बली को कहा कि हे भगवान, सपना दी की परीक्षा बढ़िया जाये, नहीं तो छात्रावास को सिर पर उठा लेंगी। उनको परीक्षा दिलवाने का ज़िम्मा मेरा था, इसलिए मुझे भी उनकी बड़ी चिन्ता हो रही थी।

ख़ैर, हम परीक्षा भवन पहुँचे। सपना दी घबरायी हुई थीं। हड़बड़ी में उन्हें अपना रोल नम्बर नहीं दिख रहा था। वे एक बेंच पर बैठ गयीं। पेपर बाँटने आयी अपर्णा मैम (बाद में वे वीमेंस कॉलेज की प्रिंसिपल भी बनीं) ने उनका रोल नम्बर खोजकर उन्हें बैठाया। मैं बाहर उनका इन्तज़ार करने लगी।

तीन घण्टे के बाद सपना दी बाहर निकलीं। वे बेहद थकी पर ख़ुश नज़र आ रही थीं। मैंने पूछा–'कैसा हुआ पेपर, सपना दी?'

'सोब भालो कोरे लिखलाम'

मुझे तसल्ली हुई!

छात्रावास आकर हम सबने उस दिन देर रात तक अन्ताक्षरी खेली। बाद में सपना दी ने पार्वती सेन (टुनटुन) का गाया गीत भी सुनाया था :

अफ़साना लिख रही हूँ दिल ए बेक़रार का
आँखों में भरके रंग तेरे इन्तज़ार का।

रात के खाने में सपना दी ने मेरी पसन्द का दम आलू बनवाया था।

और आज, रिजल्ट निकलने वाला था। सपना दी सुबह से पूजा में लगी थीं। धारों–धार रोते हुए मुरलीधर को विनती सुना रही थीं :

चक्र सुदर्शन धारी मुरारी
बिनोती हमारी–सुन लो मुरारी
चक्र सुदर्शन धारी–मुरारी!

आंटी ने मुझे बुलाया। मैं चहकते हुए ऊपर गयी। उन्होंने बताया कि सपना दी फिर फेल हो गयी हैं–इस बार दूसरे विषय यानी कि बाँग्ला में। अबकि वे अंग्रेज़ी में पास हो गयी थीं, जिसमें पिछली बार क्रॉस लगा था!

मैं बहुत उदास हो गयी। कैसे सपना दी को बताऊँगी कि वे फेल हो गयी हैं? वैसे भी रिजल्ट पेपर में कल आ ही जायेगा। क्या करूँ?

कल तक का इन्तज़ार करूँ क्या?

मैं बरामदे की सीढ़ियों पर खड़ी सोच ही रही थी कि सपना दी ने मुझे देख लिया। वे मेरी ओर लपकीं। उनके एक हाथ में धूप थी और दूसरे में जलता हुआ दीपक। उनकी आँखों से आँसू बह रहे थे। उनको उस रूप में देखकर मुझे बहुत करुणा हुई। मैंने हकलाते हुए कहा कि–

'आंटी के पास आपका रिजल्ट है, देख आइए।'

वे लपकती हुई ऊपर गयीं। मैं जल्दी से अपने कमरे में आयी और सिटकिनी लगाकर अपने बिस्तर पर निढाल पड़ गयी।

क़रीब पाँच मिनट बाद सपना दी ने दरवाज़ा खटखटाया।

मैंने आधा दरवाज़ा खोलकर आशंका से उनकी ओर झाँका।

सपना दी ने परम मुस्कान से कहा–'हम कहा था न कि हमारा इंग्लिश बहुत अच्छा हाय। हम इंग्लिश में बहुत अच्छा से पास हो गया।'

मैं विमूढ़–सी उनका मुँह ताकती रही।

सपना दी : बाथरूम में बल्ब

सपना दी को कम दिखायी पड़ता था। मन्दाकिनी छात्रावास में लड़कियों के नहाने के लिए तीन कॉमन बाथरूम थे। सपना दी भी उन्हीं में से एक बाथरूम में नहाती थीं। पहले बाथरूम के अलावा दूसरे और तीसरे बाथरूम में घुप्प अँधेरा रहता था। लड़कियों ने बहुत शिकायत की, पर उनमें कभी बल्ब नहीं लगाया गया। सपना दी ख़ुद इस बात की हिमायती थीं कि बल्ब की कोई ज़रूरत नहीं है। लड़कियाँ अपनी मोमबत्ती लेकर नहाने जातीं और गाना गुनगुनातीं :

मेरे महबूब न जा आज की रात न जा
होने वाली है सुबह थोड़ी देर और ठहर...

अगर सपना दी को नहाना होता तो अपने से पहले वाली लड़की से वे मोमबत्ती माँग लेतीं और नहा आतीं।

अधिकतर कॉलेज जाने वाली लड़कियाँ थीं जो नहाने के लिए सुबह सात बजे से क़तार में लग जातीं। सपना दी बेचारी के पास लड़कियों की तरह पानी गरम करने का कोई साधन भी न था। वे लोहे की बड़ी बाल्टी में पानी भरकर धूप में रखतीं और थोड़ा कोसा होने पर लगभग बारह बजे नहातीं। तब तक लड़कियों की कोई भीड़ न रहती।

वे अपने साथ एक बड़ा तौलिया, एक छोटा गमछा और एक कटोरी में सरसों तेल और दो मग लेकर बाथरूम में घुसतीं। फिर दीवार पर टटोलकर अपने कपड़े टाँगतीं और बैठकर छोटे गमछे से मुँह–हाथ रगड़तीं और तब बाल्टी से पानी उलीचतीं।

अन्त में कटोरी के सरसों तेल को मग भर पानी में घोलतीं और सिर और देह को उससे अन्तिम बार प्रक्षालित कर पेटीकोट और ब्लाउज़ पर साड़ी को जैसे तैसे लपेटकर निकल जातीं।

एक बार मेरी ऑनर्स की परीक्षा चल रही थी और परीक्षा के दौरान हम कभी नहीं नहाते थे। इसके दो कारण थे—पहला, नहाना बहुत झंझट भरा दुरूह कार्य था। सुबह से लाइन में लगना और अपनी बारी के बारे में चौकस रहना। इससे बेहतर था बिना नहाये किताब और नोट्स को दोहराना।

दूसरा कारण था कि परीक्षा में नहाकर जाने से मेरी परीक्षा एकदम ख़राब गयी थी एक बार। तो सबने कहा कि नहाना मेरे लिए शुभ नहीं है। अतः सुविधा और सरोकार ने न नहाना ही उचित समझा और बस कपड़े बदलकर परीक्षा देने चली गयी।

जब मैं वापस आयी तो सपना दी ने रोज़ की तरह नहीं पूछा कि परीक्षा कैसी हुई। मेरी आज वाली परीक्षा तो सबसे अधिक अच्छी हुई थी!

वे मुँह फुलाये किचेन में बैठी थीं। मुझसे उनकी चुप्पी बर्दाश्त नहीं होती थी। मेरा और सपना दी का टॉम और जेरी वाला रिश्ता था।

मैंने उनको बार–बार पूछा पर उन्होंने मुँह नहीं खोला।

क्या हुआ इन्हें?

सुबह तो बिल्कुल अच्छी थीं। चप्पल खोलकर माँ दुर्गा के मुखौटे के सामने मेरे लिए 'दुग्गा–दुग्गा' कहकर प्रार्थना भी की थी।

अचानक क्या हो गया?

ज़रूर मेरे विरोधियों (रूम नम्बर तीन और चार) ने भड़काया होगा। केतकी दी और उनकी चेली पूजा मुझसे सबसे अधिक चिढ़ती थीं। उन्हीं ने मेरे पीछे कुछ कह दिया होगा इनके कान में।

दूसरे दिन सपना दी मेरा सूखा काला छोटा कपड़ा (पैंटी) मेरे कमरे में पेपर में लपेटकर दे गयीं।

उस समय कमरे में कोई नहीं था। मैंने उन्हें जबरन पकड़ लिया।

'क्या हुआ सपना दी? आप मुझसे क्यों नाराज़ हैं और मेरा कपड़ा आपको कहाँ मिला?'

'तुम बाथरूम में छोड़ आया था। मैंने धो दिया। तुम बहुत बिजी हैं न परीक्षा के कारण?' उन्होंने व्यंग्य किया पर मैं भावुक हो गयी।

'सॉरी दीदी, आपको धोने की कोई ज़रूरत नहीं थी, मैं आकर धो लेती।'

'मैंने कौन--सा जानबूझकर धोया। ग़लती से धुल गया?'

'कैसे दी?'

'अरे क्या बताऊँ! जब बाथरूम में चश्मा उतारा और पानी डाला तो कुछ दिखायी नहीं पड़ रहा था। टटोलकर एक कपड़ा हाथ लगा—टेक्स्चर से लगा कि मेरा गमछा है। उससे मुँह—गाल रगड़कर पोंछा, फिर बाहर आकर जब उसे धोया और चश्मा पहनकर उसे सूखने डाला तो किसी का पैंटी माफ़िक़ दिखा। मैं समझ गया ओंजु का होगा, वही अभी नहाकर निकला है।'

मैंने हक्की--बक्की होकर सपना दी को देखा और उन्होंने मुझे। फिर हम दोनों खिलखिलाकर हँस पड़े।

'किसी को नहीं बताना ये बात कि हम तुम्हारा पैंटी से मुँह रगड़ा था।'

'एक शर्त पर कि बाथरूम में बल्ब लगवा दीजिए।' मैंने मुस्कुराते हुए पैरवी की।

'अरे ओंजु, चश्मा खोलने के बाद मुझे तो यूँ ही कुछ नहीं दिखता है। बल्ब लगवाने का फ़ायदा? फिर भी तुम बोलता है तो अंकल से बात करेगा।'

और दो और तीन नम्बर बाथरूम में बल्ब लग गया।

सपना दी और मेरा अफ़ेयर

सपना दी की आँखें सर्चलाइट से भी तेज़ थीं। वे लिफ़ाफ़ा देखकर और अन्तर्देशीय पत्र के बीचोबीच झाँककर पकड़ लेती थीं कि किसका चिट्ठी होगा! लड़का का—भाई या प्रेमी या फिर गार्जियन का।

डाक से चिट्ठियाँ आने के समय पर सब लड़कियाँ ग्रिल वाले दरवाज़े के आसपास मँडराती रहतीं। सपना दी छात्रावास का एक कैजुअल राउंड लेते हुए अनुमान लगा लेतीं कि कौन लड़की अधिक उद्विग्न और बेक़रार दिख रही है। फिर, चिट्ठी के प्रेषित स्थान की मुहर से पता लगा लेतीं कि लड़की के घर से चिट्ठी आयी है या बाहर से? अगर हज़ारीबाग़ से ही पत्र डाला गया होता तो उस पर आज की ही तारीख़ की मुहर होती। मैं उनकी सहायिका थी और सबकी चिट्ठी का पता लगाकर देने में उनकी मदद कर दिया करती।

सपना दी पहले दो सालों तक तो मुझ पर बहुत विश्वास करती थीं कि मेरा कोई ब्वॉयफ्रेंड नहीं है—कोई भाई (बनावटी) नहीं है और कोई मुझे फ़ोन नहीं करता है।

वे सारी लड़कियों के क़िस्से मुझे बतातीं।

पर इंटरमीडिएट में टॉप करने के बाद पढ़ाकू विद्यार्थियों में मेरी एक अच्छी पहचान बन गयी थी।

दूसरों की मित्रमण्डली देखकर मेरा भी मन चाहता था कि मेरे भी बहुत सारे लड़के दोस्त हों। मैंने साइकिल चलाना भी सीख लिया था। और मेरे पास अच्छे सलवार—कुर्ते और स्कर्ट—ब्लाउज़ भी थे। सो मेरे मित्रों की संख्या बढ़ने लगी। और कुछ समय के बाद हम

साथ–साथ बतियाते हुए पता नहीं कैसे हॉस्टल के गेट तक पहुँच जाते और खड़े होकर बड़ी देर तक गप्पें मारते रहते।

धीरे–धीरे मैं पढ़ाई से दूर होती जा रही थी। एक बार हम सहेलियों ने ब्यूटी पार्लर जाने का प्लान किया। मैंने भवें सँवरवायीं और ब्लीच व फ़ेशियल करवाया। मैं अब अत्यधिक स्मार्ट और सुन्दर दिखना चाहती थी! मैंने बालों को और काला करने के लिए काली मेहँदी भी ख़रीदी।

मेरा कायाकल्प सपना दी से छुपा न था। पर उस दिन चाय लेते वक़्त उन्होंने सिर्फ़ एक व्यंग्य किया–'छछूँदर के माथे पर चमेली का तेल!'

उन्हें मेरे फ़ैशन करने पर ऐतराज़ था। इसे वे अपने व्यवहार और बातों से दर्शाती रहतीं।

पर मैं चिकना घड़ा बन चुकी थी। मुझे हॉस्टल और सपना दी बहुत आउटडेटेड लगती। मेरा टीनएज का कुँवारा मन हमेशा कल्पनाओं में खोया रहता।

काश! मेरे भी ब्वॉयफ्रेंड होते, कहीं से मुझे भी फ़ोन आता, कोई मुझे भी गुलाबी लिफ़ाफ़ा भेजता और नये साल का दिल छापा हुआ कार्ड भेजता!

इसी समय नये साल का मौक़ा आया। हॉस्टल में सबके लिए कार्ड आते।

हज़ारीबाग़ विद्यार्थियों का शहर है। मुझे भी ढेर सारे नववर्ष के ग्रीटिंग कार्ड मिले। मैं उन्हें अपने तकिये के नीचे रखती और मन–ही–मन उन्हें गिनकर ख़ुश हो जाती।

पर एक कार्ड का मुझे बहुत बेसब्री से इन्तज़ार था–विकास का। वह मेरा बैचमेट था और मेरे साथ ही ट्यूशन भी पढ़ता था। मुझे उसकी आँखों में अपने लिए चाहत का आभास था। मैं उसको चाहती–वाहती नहीं थी, पर टाइमपास के लिए विकास अच्छा साथी था। वह मेरे नोट्स उतार देता। बहुत से शिक्षकों के यहाँ से गेस क्वेश्चन माँगकर ले आता। लाइब्रेरी से अपने नाम से किताबें लेकर मुझे पढ़ने दे देता।

और कभी–कभार छोटी–मोटी चीज़ें भी दिला देता–जैसे रंग–बिरंगा पेनसेट या फिर नये साल की डायरी। इस बार उसने नये साल की *इंडिया टुडे* वाली डायरी देने का वायदा किया था।

कॉलेज बड़े दिन की छुट्टियों में बन्द होने वाला था। मैं और लड़कियों की तरह छुट्टियों में गाँव जाने वाली थी। पर अभी तक गेस क्वेश्चन मिले नहीं थे। विकास भी ग़ायब था बड़े दिनों से, शायद बोकारो अपने घर गया था। छुट्टियों में जाने से पहले गेस क्वेश्चन का मिलना बेहद ज़रूरी था। गेस क्वेश्चन की महत्ता वे लोग समझ सकते हैं जिन्होंने हज़ारीबाग़ से पढ़ाई की है। परीक्षा की तैयारी ही गेस क्वेश्चन पढ़ कर की जाती थी। इसके लिए शिक्षकों के यहाँ विद्यार्थियों का ताँता लगा रहता।

इस बार की छुट्टियाँ एन्जॉय करने के लिए नहीं परीक्षा की तैयारी के लिए थीं। अकादमिक सेशन लेट होने की वजह से परीक्षा जनवरी में होनी थी।

मैं जाने से पहले गेस क्वेश्चन के लिए व्याकुल थी। तभी किसी ने बताया कि मुझसे मिलने कोई आया है। मैं झपटकर गेट तक पहुँची। विकास ही था। उसने बताया कि बहुत दिन से कमरे का किराया और दूसरे उधार नहीं देने के कारण उसे बड़ी दिक्क़त हो गयी थी। खाने के भी लाले पड़ गये थे, इसलिए पैसे लेने बोकारो चला गया था।

ख़ैर, मैंने गेस क्वेश्चन के लिए पूछा। उसने बताया कि जुगाड़ हो गया है। सर के घर पर ट्यूशन के वक़्त मिल जायेगा।

दूसरे दिन मैं उत्कण्ठित उमगती और लहराती हुई साइकिल चलाकर सर के घर पहुँची कि विकास भी आ गया। उसने मुझे एक भारी बन्द लिफ़ाफ़ा दिया जिसके कवर पर 'गेस क्वेश्चन' लिखा हुआ था।

सर के घर हम चार–पाँच स्टूडेंट बैठे थे। मेरे भीतर बन्दर की आत्मा हलचल मचा रही थी। मैंने धीरे–धीरे लिफ़ाफ़ा खोल डाला।

सर ने पूछा–'क्या है इसमें?'

'गेस क्वेश्चन है, सर!'

'दिखाओ!'

मैंने काँपते हाथों से उन्हें लिफ़ाफ़ा दे दिया। विकास सर के पीछे बैठा था। उसने वहीं से हाथ से अपना कपाल ठोंका। मैं समझ गयी कि लिफ़ाफ़े में सिर्फ़ गेस क्वेश्चन नहीं, बल्कि और भी कुछ गोपन रहस्य था। पर अब क्या? तीर तो हाथ से निकल चुका था।

सर ने लिफ़ाफ़ा फाड़ा और काग़ज़ को फैलाया।

हरेक क्वेश्चन के बीच, आड़े–तिरछे 'आई लव यू' और बिंधे हुए तीरों से दिल छपा हुआ था। सर ने मुझे देखा और विकास को।

विकास तो सर पर पाँव रखकर भाग खड़ा हुआ। उसके पश्चात सर और आंटी ने मेरी जो मलामत की उसका न कहा जाना ही बेहतर है। दूसरे लोगों को भी हमारे अफ़ेयर के बारे में ख़बर हो गयी। अब दूसरे दिन कॉलेज किस मुँह से जाऊँगी!

मैं मलिन मुँह और मुरझाये होंठ लिए जब वापस हॉस्टल आयी तो सपना दी ने फिर से व्यंग्य किया–'पढ़ा सोना किया किया की ख़ाली मिलना–भालो बाशा?'

मैं जब हिलककर रोने लगी तो उनको मुझ पर दया आ गयी। उन्होंने बताया कि विकास तो शादीशुदा है! मैं आसमान से गिरी। पर कैसे? अभी तो वह सत्रह–अट्ठारह साल का ही है?

तब उन्होंने बताया कि–'उसका विवाह बचपन में ही हो गया था। पत्नी आशालता भी उसी की क्लास में आर्ट्स पढ़ती है बोकारो में। बोकारो की अनिता बता रही थी। हम तुम पर ग़ुस्सा था क्योंकि तुम पढ़ाई में ध्यान देना छोड़कर मॉडर्न बनने और भालो बाशा के चोक्कर में पड़ा था। नहीं विश्वास हो तो अनिता से पूछ लेना।'

मुझे विश्वास था, पूछने की क्या ज़रूरत थी! मेरा आधुनिका बनने और प्रेम के चक्कर पालने का भूत झाड़ दिया सपना दी ने।

मैं सिकुड़कर केंचुआ हो गयी यह सोचकर कि रूम नम्बर तीन की अनिता दी को भी पता चल गया? और न जाने कितनों को मेरी कहानी के बारे में पता था! शायद पूरे हज़ारीबाग़ को। सपना दी का प्रचार तन्त्र बहुत मज़बूत था और वह ख़ुद बड़ी प्रचारक थीं।

एकटु पातला लाग्छ्ए!

मन्दाकिनी हॉस्टल में खाने–पीने की बहुत कमी थी। हम अक्सर शाम को भूखे बैठे होते थे! कभी समोसा मँगाकर खाते तो कभी किसी के घर से आये ठेकुआ, चूड़े और नमकीन की राह ताकते। सबसे बड़ी ट्रैजेडी यह थी कि हॉस्टल के मालिक (अंकल) ख़ुद अच्छी चीज़ें खाते–उसी रसोई में दूध औंटाकर रबड़ी और खीर बनायी जाती, कभी हिलसा माछ पकती, तो कभी यूनिवर्सिटी के प्रोफ़ेसरों की पार्टी में नाना प्रकार के बंगाली व्यंजन पकते, पर हमारे लिए वही सड़ा खाना होता–पानी वाली दाल (जिसमें खेसारी मिली होती), मोटा चावल, बाज़ार की सबसे सस्ती सड़ी और मुरझायी सब्ज़ी और कभी–कभी अत्यन्त कुशलता से कटी पतली मछली का एक पीस!

खाना सुबह दस बजते ही मिलने लगता, क्योंकि नाश्ते के नाम पर तीन स्लाइस ब्रेड और पानी जैसी पतली चाय ही नसीब होती थी। इस कारण हमें एक–दो बजते ही फिर से भूख लगने लगती।

ऐसे भूखे माहौल में शाम के पाँच बजे से आठ बजे तक स्टडी आवर रहता। उस दौरान किसी भी लड़की को दूसरे रूम में जाने की मनाही थी। हम अक्सर बाथरूम जाने के बहाने दूसरों के कमरों में कुछ खाने की आशा में छुपकर चले जाते थे। हॉस्टल की मेट्रेन सपना दी थीं, उन्हें कम सुनाई देता था। पर मतलब की बात तुरन्त समझ में आ जाती थी।

ऊपर अंकल–आंटी का निवास था। अंकल उनको शाम को एकाध ड्रिंक के लिए बुलाते, जो उनका निजी समय हुआ करता था।

बेचारी सपना दी! उस समय भी हॉस्टल की 'मेएदेर कोथा' से अंकल की शाम बर्बाद कर देतीं।

अंकल ऊपर से चिल्लाकर भारी आवाज़ में बुलाते–'सापना'!

और सपना दी–'की होलो दादा' कहती हुई साड़ी उठाकर सीढ़ियों पर दौड़तीं। मेरे कमरे (रूम नं. आठ) से यह नज़ारा देखने को अक्सर मिलता!

सब लड़कियों ने शक के आधार पर यह उड़ाया हुआ था कि सपना दी का अंकल से अवैध प्रेम सम्बन्ध है! हालाँकि, इसकी सप्रमाण पुष्टि कभी नहीं हो पायी। कई बार लड़कियों ने छापे मारे, उनके कमरे में ताक–झाँक की, पर कभी भी न उन्हें आपत्तिजनक मुद्रा में पाया गया, न ही सपना दी की कोई कान की बाली या टूटी हुई चूड़ियाँ मिलीं।

हाँ, इतना ज़रूर था कि सपना दी का झगड़ा हमेशा आंटी से होता और अंकल उन्हें यह कहकर मना लेते कि–'बौदी (आंटी) फिर से बाहर जा रहा है।'

अक्सर, अन्त में खाने वालों के लिए दाल या सब्ज़ी कम पड़ जाती। सपना दी उसे आमलेट या मिठाई का लालच देकर फुसला लेतीं। पर खाने का संकट हरदम गहराया रहता। मन्दाकिनी के चारों ओर भूखी लड़कियों की आत्माएँ मँडराया करतीं।

ऐसी ही एक शाम को निर्मला दी ने एक कड़ाह भरकर दूध औंटाने को रखा। उनकी कमर में दर्द हो रहा था, सो वे पीछे बने सर्वेंट क्वॉर्टर में पीठ सीधी करने चली गयीं। जितेन (ऑड जॉब के लिए रखा जवान नौकर) को हिदायत दे गयीं कि दूध को देखते रहना। पण्डित जी घर गये हुए थे (उनकी पत्नी फिर से सौरी में थीं)। आंटी दौरे पर थीं। ऊपर सपना दी अंकल को 'बाजे मेएदेर कोथा' सुना रही थीं।

दूध अकेला उबल रहा था। मैं अपनी बोतल में पीने का पानी भरने रसोई गयी तो दूध को उबलता पाया। उसकी सोंधी सुगन्ध मानो मुझे आमन्त्रित कर रही थी–आओ, देर न करो, मुझे पी लो, इससे पहले कि कोई हम दोनों के बीच आ जाये!

फिर, मैंने एक पल की भी देर न की। बोतल में पानी की जगह दूध ही भरकर लौटी! और उतना ही पानी कड़ाह में डाल दिया!

इतना ही नहीं, कमरे में सबको बताया कि अभी सुनहरा मौक़ा है, चुराकर दूध पीने का। एक गिलास दूध निकालो, उतना ही पानी डाल दो, ताकि पता न चले! बाक़ी पाँचों रूममेट ने ऐसा ही किया। एक–एक गिलास दूध निकालती गयीं, और उतना ही पानी डालती गयीं।

हमें यह कारस्तानी करते हुए शम्पा दी (रूम नं. छह) ने देख लिया था। फिर क्या था! उन सबने भी छह गिलास दूध निकालकर पानी डाल दिया! अब याद नहीं है, पर कुछ और लड़कियों ने भी शायद दूध निकाला था।

शाम को सपना दी अभिसारिका बनी दूध का गिलास (जो उन्हें निर्मला दी ने थमाया था) लेकर अंकल के ड्राइंगरूम में गयीं। हम सब चित्रहार देखने वहीं ऊपर ड्राइंगरूम में इकट्ठा थे। अंकल ने दूध का एक घूँट लिया और कहा–

'सापना, दूध एकटु पातला लाग्छ्ए?'

सपना दी को सुनायी न पड़ा होगा, चीख़कर पूछा–'आईई, दादा की होलो?'

हम सबने बामुश्किल अपनी हँसी रोकी–

'हिहिहिहिहिही'!

□□